EBS 30일 인문학

처음 하는 사회학 공부

EBS 30일 인문학

처음 하는 사회학 공부

박한경 지음

EBS BOOKS

사회학이란 무엇인가

교통사고 전문 변호사가 진행하는 유튜브 채널이 있다. 구독자가 150만 명이 넘는 인기 채널이다. 진행자인 변호사는 전문적 법률 지식과 오랜 교통사고 수임 경험을 바탕으로 가해자의 과실 비율이 100퍼센트인지, 아니면 피해자에게도 일부 책임이 있는지 판단해 알려준다.

영상을 시청한 많은 이들이 댓글로 의견을 남기는데, 대부분 가해자의 운전 실력이나 부족한 교통법규 지식, 부적절한 판단, 심지어 '인성'까지 비판하는 내용이다. 진행자의 과실 비율 판단도, 시청자들의 댓글도 주로 운전자 개인의 잘못 때문에 사고가 일어났다는 시각을 보여준다.

한국에서도 영화로 제작된 미야베 미유키의 소설 《화차》에 교통

사고에 대한 다음과 같은 언급이 나온다.*

“물론 졸음운전을 한 트럭 기사에게 과실이 있는 건 분명합니다. 그러나 그들을 그런 근무 상태로 내몬 고용주에게도 문제가 있습니다. 대형 트럭과 일반 승용차가 같이 주행하는 도로에 충격을 막아주는 중앙분리대를 설치하지 않은 행정 측도 잘못입니다. 도로 폭이 좁은 것도 문제예요. 길을 넓히고 싶어도 넓힐 수 없었던 것은 지자체의 도시계획이 잘못되었기 때문이고, 땅값이 손쓸 수 없이 뛰어올랐기 때문이기도 하죠.”

대형 트럭과 승용차 사이의 교통사고 원인으로 운전기사의 개인적 과실 외에도 다른 요인들을 들고 있다. 운전자의 근무환경, 교통행정, 도시계획 관련 정책, 지가 상승이라는 경제적 요인 등이다.

교통사고를 보는 앞의 두 관점 중에서 사회학이 취하는 관점은 후자다. 교통사고 당사자는 개인들이지만 그 개인들의 행동에 영향을 미치는, 즉 교통사고를 유발하는 다른 요인들도 존재한다는 입장이다. 이 요인들은 운전 당사자가 어떻게 해볼 수 있는 것들이 아니다. 이미 한 사회에 갖추어져 있는 조건들이고 이 조건들 속에서 운

* 미야베 미유키 지음, 이영미 옮김, 《화차》, p.163

전이라는 개인의 행위가 이루어진다. 사회학은 바로 이런 조건들에 관심을 갖는다. 사람들이 "당신이 운전을 잘못했기 때문이야"라고 지적할 때, 사회학은 그 사람의 과실 외에도 그렇게 운전을 할 수밖에 없었던 사회적 요인들이 혹시 있지는 않은지 살펴본다.

예를 들어 대학 진학 여부는 개인의 결정에 달린 일이다. 그러나 당신이 한국이 아니라 독일에서 태어나 자랐다면 아마 대학에 진학하지 않을 가능성이 더 높아질 것이다. 교통사고를 유발하는 사회적 힘이 있는 것처럼, 고등학교 졸업을 앞둔 청년들을 대학으로 가도록 등 뒤에서 떠미는 한국 사회의 독특한 힘이 분명 존재한다. 그래서 사회학은 '나를 이해하는 데 도움을 주는 학문'이라고 할 수 있다. 나의 사고와 행동과 태도에 영향을 미치는 다양한 사회적 요인들을 고려하게 해주기 때문이다.

여기서는 일단 사회학에 대해 이 정도만 설명해도 충분할 듯하다. 앞으로 서른 개의 글을 하나씩 읽어가다 보면 사회학이 어떤 학문인지, 사회학적 관점이 무엇인지 좀 더 알 수 있을 테니 말이다.

'EBS 30일 인문학' 시리즈는 하루에 한 주제씩 30일간 가벼운 마음으로 읽어나가면서 다양한 인문학 분야에 접근해보자는 취지에서 탄생했다. 이 책 《처음 하는 사회학 공부》에서 소개하는 주제 30개는 사회학의 학문적 특징을 잘 드러내고, 우리의 일상적 삶과 관련이 있고, 흥미로운 주제들을 복합적으로 고려해 선정했다. 지금부터 사회학의 매력을 차근차근 발견해나가는 지적인 여정을 함께 시작해보자.

2022년 8월 박한경

차례

1일

오늘의 키워드

사회학

사회과학의 왕 vs. 잡동사니 학문?

사회학의 탐구 대상

#NPR #카토크 #사회학 #정치학 #경제학 #경영학 #사회과학

미국의 공영 라디오 방송 NPR National Public Radio에서 꽤 인기를 끌었던 〈카토크 Car Talk〉라는 프로그램이 있다. 톰 매글리오지 Tom Magliozzi와 레이 매글리오지 Ray Magliozzi 형제가 진행한 자동차에 관한 방송이다. 청취자들이 전화를 걸어 자기 자동차와 관련된 문제들을 묻고 자동차 정비공인 두 형제가 유머러스하면서도 전문가적인 지식으로 명쾌한 답변을 내놓는 토크쇼 형식이었다. 질문자와 전화가 연결되면 두 형제는 항상 질문자의 이름, 사는 지역, 직업 등을 소재로 가볍고 유쾌한 대화를 먼저 나눈다. 그리고 자동차에 관한 본격적인 질문에 답을 한다.

어느 날 사회학을 전공하는 박사과정 대학원생과 전화가 연결됐다.* 사회학을 공부한다는 질문자의 자기소개를 듣고 형제 중 한 명이 이렇게 묻는다.

"네안데르탈인에 대해 공부하시는 건가요?"

질문자는 어색하게 웃으며 얼버무리고 넘어갔지만, 매글리오지 형제의 이 코멘트는 부적절했다. 사회학은 네안데르탈인에게 별 관심이 없다. 고고인류학자라면 얘기가 다를 테지만.

이 이야기에는 작은 반전이 있다. 진행자인 형제 둘 다 세계 최고의 대학 중 하나로 손꼽히는 매사추세츠공과대학MIT 출신이라는 점이다. 특히 동생 레이는 MIT에서 경제학을 전공했고, 보스턴대학교에서 경영학 박사학위까지 받았다. 경제학과 경영학이라면 사회학과 함께 '사회과학' 분야에 속하는 학문이다. 청취자들과의 대담에서 그들은 사회에 대한 해박한 지식을 종종 드러내곤 한다. 하지만 MIT 같은 명문대를 나와도, 경제학과 경영학 같은 사회과학 분야에서 박사학위를 받아도, 사회 전반에 대한 해박한 지식을 가지고 있어도, 사회학이 무엇을 탐구하는지 모를 수 있다. 하물며 사회학

* 에피소드 #1429. 2014년 7월 20일 NPR에서 방송

을 접해보지 못한 일반인들이 사회학이 어떤 학문인지 모르는 것은 전혀 이상한 일이 아니다.

도대체 사회학은 어떤 학문일까? 명칭에서 어느 정도 유추할 수 있다. 사회학은 사회를 탐구하는 학문이다. 마치 정치학이 정치를 탐구하고, 경제학이 경제를 탐구하고, 법학이 법을 탐구하고, 언론학이 언론을 탐구하고, 경영학이 경영을 탐구하는 것처럼 말이다. 그런데 사회학이라는 명칭이 오히려 사회학이 어떤 학문인지를 모호하게 만드는 측면이 있다. 사회에 대해 탐구하는 다른 '사회과학' 학문들과 비교하면 더 그렇다.

정치학, 경제학, 법학, 언론학 등은 대표적인 사회과학 학문이다. 그리고 이 학문들이 각각 다루는 정치, 경제, 법, 언론 등은 모두 사회 현상이다. 바로 여기에서 한 가지 의문이 든다. 이미 각각의 학문이 한 가지 사회 현상에 집중해서 훌륭하게 연구를 수행하고 있는데, 사회학이 다루는 사회 현상은 무엇이란 말인가?

예를 들어 정치학은 다양한 사회 현상 중에서 정치 현상을 더 깊이 있게 다루는 것으로 보인다. 그럼 사회학은 정치를 포함하는 포괄적 개념인 사회가 탐구 대상이므로 정치 현상도 다루는 것일까? 그렇다면 정치학과 탐구 영역이 겹치게 된다. 뿐만 아니라 경제, 법, 커뮤니케이션 등에서 일어나는 사회 현상도 사회학의 탐구 대상이 되어 경제학, 법학, 언론학과도 영역이 겹친다.

과연 사회학은 모든 사회 현상을 포괄적으로 다루는 종합 학문인 것일까? 아니면 정치학이나 경제학과는 달리 독자적인 탐구 영역이 없는 학문인가? 종합 학문이라면 모든 사회과학의 왕으로 볼 수 있고, 독자적인 탐구 영역 없이 사회를 탐구하는 학문이라면 정치학, 경제학, 법학 등이 다루지 않는 사회 현상의 부스러기들이나 다루는 잡동사니 학문으로 여겨질 수도 있다.

다른 가능성을 생각해보자. 사회 현상에 정치, 경제, 법, 커뮤니케이션과 같은 구체적인 현상들이 있듯이 좁은 의미의 사회가 있고, 사회학은 이 좁은 의미의 사회를 탐구하는 학문일 수도 있지 않을까? 실제로 포괄적 의미의 사회와 구별되는 보다 구체적이고 좁은 의미의 사회가 있다. 이런 표현들을 생각해보자.

"사회로 진출하는 졸업생 여러분."
"그 사람은 사회생활을 잘한다."
"사회로 복귀한다."

첫 번째 표현은 대학 졸업식 축사에서 흔히 듣는 문장이다. 두 번째는 회사에 잘 적응해서 다니는 사람을 말할 때 자주 쓰는 표현이다. 세 번째 것은 군대나 교도소 등에서 제대 혹은 출소를 하는 경우를 말한다. 이 표현들을 보면 학교, 집, 군대, 교도소 등과 뚜렷이 구별되는 사회라는 실체가 존재한다. 그런데 학교, 가족, 집, 군대, 교도소 등도 사회를 구성하는 기관이나 제도의 일부다. 이 기관들도 사회의 일부임에도 불구하고 학교를 떠나, 가족을 떠나, 군대를 떠나, 교도소를 떠나 향하는 어떤 곳을 우리는 굳이 '사회'라고 지칭한다. 넓은 의미의 사회 속에 좁은 의미의 사회가 있는 셈이다.

그렇다면 정치학이 넓은 의미의 사회 현상 중에서 정치라는 구체적인 현상에 집중해 탐구하듯이 사회학 역시 넓은 의미의 사회 속에서 좁은 의미의 사회 현상을 탐구하는 것일까? 논리적으로는 그럴듯해 보인다. 그런데 여기에도 모순이 있다. 좁은 의미의 사회는 주로 경제활동과 관계가 있고, 경제활동에 많은 관심을 갖는 학문은 경제학이기 때문이다.

도대체 사회학의 주된 탐구 대상은 무엇일까? 사회학이 다루는 사회는 무엇이란 말인가? 다음 장에서 '사회학이 관심을 갖는 사회'에 대해 간단히 살펴보자.

2일

오늘의 키워드
사회

도대체 사회란 무엇일까?

인간 사회의 특징

#출발점 #목적지 #타율성 #자율성 #사회생활 #사회의_성립_조건 #게오르크_짐멜

앞에서 적어도 두 가지 다른 의미의 사회가 있음을 보았다. 대학을 졸업하고 진출하는 사회가 좁은 의미의 사회라면, 이 좁은 의미의 사회와 학교를 모두 포함하는 더 넓은 의미의 사회가 있다. '좁은 의미의 사회'라는 말이 나온 김에 이에 대해 조금 더 알아보자.

좁은 의미의 사회는 보통 어딘가를 떠나서 도착하는 지점, 즉 목적지의 역할을 한다. 떠나는 곳, 즉 출발점은 학교, 군대, 교도소, 정신병원 등이 대표적이다. 출발점과 비교해보면 좁은 의미의 사회의 특징이 뚜렷이 보인다. 출발점을 이루는 기관들은 대체로 규율이나 규칙이 엄격하고, 구성원들을 보호하거나 교육시키거나 훈련시키는 역할을 한다. 따라서 타율적인 면이 강하고 자유가 제한되는 경향이 있다. 외부와의 경계도 뚜렷하다.

반면 학교를 졸업하고, 가족에서 독립하고, 군대를 제대하고, 교도소를 출소하고, 병원을 퇴원하고 향하는 '사회'는 스스로 헤쳐가야 하는 자율성의 영역이다. 이 자율성의 영역에서 자신을 잘 추스르고 다른 사람들의 인정을 받는 사람에게는 "사회생활을 잘한다"고 칭찬한다. 학교, 가족, 군대, 교도소, 병원에서 잘 생활하는 사람에게는 사회생활을 잘한다고 표현하지 않는데 말이다.

이처럼 사회 안에 더 좁은 범주의 사회가 존재하지만, 이 사회만 사회학의 고유한 탐구 대상인 것은 아니다. 사회학이 관심을 갖는 사회는 좁은 의미의 사회뿐만 아니라 출발점들을 모두 포괄하는 넓은 의미의 사회다. 앞으로 이 책에서 언급하는 사회는 대부분 넓은 의미의 사회를 가리킨다. 이제 근본적인 질문을 던져보자. 도대체 사회란 무엇일까?

사회학에서 다루는 사회와 우리가 일상에서 사회라고 부르는 것은 대개 같은 것이지만 항상 일치하지는 않는다. 사회학이 염두에 두는 사회와 독자가 떠올리는 사회가 다르면 혼선이 생길 수 있으므로 명확한 논의를 위해 사회학에서 다루는 사회에 대해 정의를 내릴 필요가 있다. 일본의 사회학자 오오쿠보 코오지大久保孝治에 따르면 사회학의 대상인 사회가 성립되기 위해서는 적어도 세 가지 조건이 갖추어져야 한다. 복수의 구성원들, 구성원들 사이의 상호작용, 상호작용의 변화가 그 세 가지 조건이다.

'모일 사社'와 '모일 회會'로 구성된 한자어인 사회社會라는 단어 자체가 '모여 있는' 무엇을 의미한다. 당연히 혼자서는 모임을 만들 수 없다. 따라서 사회가 구성되기 위한 가장 기본적인 전제는 복수의 사람들이 있어야 한다는 것이다. 복수의 사람이란 두 명 이상의 사람을 뜻하므로 사회가 성립하기 위한 최소 인원은 두 명인 것일까? 그러나 두 사람만으로 이루어진 관계는 불안정하다. 두 사람의 사이가 좋을 때는 문제가 없지만, 사이가 틀어져서 서로 얼굴도 마주 보지 않게 된다면 더 이상 모임이나 집단, 나아가 사회라고 부를 만한 것을 유지하지 못하게 된다.

반면 두 사람의 관계에 한 사람이 추가되어 세 사람이 관계를 형성하게 되면 그들 사이에는 두 명일 때와는 근본적으로 다른 다양하고 역동적인 관계들이 생성된다. 예를 들면 세 명이 좋은 관계를 유지하다가 그들 중 두 명이 더 특별한 관계를 형성할 수 있다. 소외된 한 명은 두 사람 중 한 사람과 관계 강화를 시도하거나 두 사람 모두와 관계를 개선하기 위해 노력함으로써 이전과는 다른 새로운 유형의 관계가 생겨날 수 있다.

두 사람과 세 사람 사이의 관계의 차이에 대해 독일의 사회학자 게오르크 짐멜Georg Simmel은 '이자관계dyad'와 '삼자관계triad'라는 개념을 정립했다. 세 사람의 관계인 삼자관계일 때는 '분리'와 '결합'에 의한 이합집산이 다양하게 발생한다. 이자관계에서는 '나' 아니면 또 다른 개인밖에 없지만, 삼자관계에서는 '나'의 밖에 '그들'이라는 일종의 집단이 존재하고 이 집단은 나의 삶에 영향을 미친다. 삼자관계는 세 사람 사이의 관계에만 국한되지 않고 세 명 이상의 관계 전체를 대표하는 개념이다. 1,000명으로 이루어진 집단의 관계도 기본적으로 삼자관계의 확장이라고 보는 것이다. 따라서 복수의 사람들의 관계에서 이자관계는 독특한 관계이고 삼자관계가 보다 보편적인 관계가 된다. 사회를 구성하는 최소 인원이 두 명이라고 해서 안 될 것은 없지만, 짐멜의 전통에 따라 사회학은 최소 세 명 이상의 큰 집단 사람들의 행동에 관심을 갖는 경향이 있다.

사회를 구성하는 두 번째 전제조건은 '상호작용'이다. 한 지역에 1,000명이 거주하고 있다면, 첫 번째 전제조건인 복수의 사람들을 충족시키기에 충분한 수다. 그런데 이들이 각자 하나의 동굴을 차지하고 자급자족하며 바로 옆 동굴에 누가 사는지도 모르는 채 살아간다면 그 집단을 사회라고 부를 수 없다. 단순한 개인들의 집합일 뿐이다. 이런 방식으로는 인간이 생존하는 것조차 불가능에 가깝다. 현대 사회에서 '은둔형 외톨이'가 증가하고 있다고 하지만, 어떤 측면에서 이들은 사회와 강한 결합을 이루고 있다. 인터넷, 스마트폰, 전화 등과 같은 소통 수단을 통해 외부의 누군가와 상호작용을

이자관계에서는 '나' 아니면 또 다른 개인밖에 없지만,
삼자관계에서는 '나'의 밖에 '그들'이라는 일종의 집단이 존재하고
이 집단은 나의 삶에 영향을 미친다.

하고 있기 때문이다. 사회와 단절된 은둔형 외톨이라 할지라도 음식을 주문하기 위해 전화를 드는 순간 혹은 스마트폰의 앱을 실행하는 순간 그는 타자와의 활발한 상호작용 속에 들어가는 것이다.

인간만 사회를 이뤄 생활하는 것은 아니다. 사회성이 있는 동물, 사회적 동물 등의 표현을 들어본 적이 있을 것이다. 특히 꿀벌이나 개미는 고도로 조직된 집단생활을 하는 곤충들로서 그들의 군락을 가리켜 사회라고 지칭하기도 한다. 꿀벌사회, 개미사회처럼 말이다. 꿀벌이나 개미는 복수의 개체들이 모여 집단생활을 하고, 상호작용 없이는 불가능한 높은 수준의 분업체계를 갖추고 있다.

그러나 이들의 집단은 사회학이 관심을 갖는 사회와는 다르다. 세 번째 전제조건을 충족하지 못하기 때문이다. 그것은 바로 '상호작용의 변동'이다. 개미들이 분업을 하고 상호작용을 하는 것은 그들의 DNA가 지시하는 방식에서 거의 벗어나지 않는다. 진화 과정에서 갑작스러운 변화가 발생하지 않는 한 개미들은 5,000년 전 삶의 방식과 현재의 삶의 방식에 큰 차이가 없다.

인간의 상호작용은 다르다. 생물학적으로 프로그램되어 있는 방식에만 머무르지 않고 상호작용의 형태, 강도, 빈도 등을 변화시켜왔다. 그래서 인간 사회는 과거의 삶의 방식과 현재의 삶의 방식이 현저히 다르다. 이는 언어를 비롯한 상징을 사용해 상호작용을 하는 인간의 능력과 관계가 있다. 오직 인간만이 상징을 사용하므로 세

가지 전제조건을 모두 충족시키는 사회는 인간 사회가 유일하다. 사회학은 이런 인간 사회를 탐구하는 학문이다.

3일

오늘의 키워드

사회구조

사회에는 우리를 움직이는 보이지 않는 힘이 있다

사회적 힘

#정치 #권력 #사회구조 #피터_버거 #결혼 #규칙성 #상호작용의_변화

사회학은 넓은 의미의 사회를 탐구 대상으로 한다는 것, 그 사회는 복수의 개인들, 상호작용, 상호작용의 변동이라는 세 가지 중요한 특징을 갖는다는 것을 앞에서 살펴봤지만, 여전히 우리의 근본적인 질문에 대한 답은 나오지 않았다. 사회학이 특히 관심을 가지고 다루는 고유한 영역이 있는지에 대한 답 말이다.

다시 다른 사회과학들과 비교해보자. 정치학이 정치를 탐구한다고 하지만, 정치 행위는 정부나 정당과 관련된 행위에 국한되지 않는다. 인간의 사회적 삶 모든 곳에 정치가 스며들어 있다. 예를 들어 친구들과 야식 메뉴를 결정하고자 할 때도 정치가 개입한다. 정치는 기본적으로 공동 의사결정 상황에서 작용하는 권력과 관계가 있기 때문이다(쉬블리, 2013:5-6). 한턱내는 친구가 메뉴를 결정할 수도 있고, 다수의 선호에 따라 결정될 수도 있고, 특정 음식을 간절히 먹고 싶은 친구의 설득이나 애교에 의해 결정될 수도 있다. 각각의 상황에서 권력은 돈을 내는 친구, 민주주의적인 과정, 설득하는 친구가 행사한다. 그리고 야식 결정처럼 사소한 일상일지라도 의사결정 및 권력이 연관되어 있다면 원칙적으로 정치학의 탐구 대상이 될 수 있다.

이처럼 정치학은 넓은 의미의 사회 중에서도 특히 권력관계에 관심을 갖는다. 같은 논리로 경제학은 넓은 의미의 사회 중에서 교환관계에 일차적 관심을 둔다. 그리고 사회학은 사회 중에서 인간 행위의 규칙성과 그 규칙성을 가능하게 하는 사회적 힘에 가장 큰 관심을 갖는다. 바로 이것이 사회학의 주된 탐구 영역이다.

한 개인의 행동은 순수하게 개인적 동기만으로는 완전히 이해할 수 없다. 개인적 결정이라고 생각하는 행동도 사실은 사회가 개입해서 영향을 끼친 결과일 가능성이 매우 높다. 오스트리아 출신 미국의 사회학자 피터 버거Peter Berger(1929~2017)가 펴낸 가장 널리 읽히는 사회학 입문서 《사회학에의 초대(1963)》에서 적절한 예를 만날 수 있다. 바로 결혼이다.

한국을 비롯한 많은 사회에서 사랑은 결혼의 가장 중요한 전제조건으로 여겨진다. 신혼부부에게 어떻게 결혼하게 되었는지 물으면 아마도 두 사람이 사랑에 빠진 과정을 열정적으로 이야기해줄 것이다. 사랑은 언제 어떻게 누구와 만나서 폭발하게 될지 모를 격렬한 감정이다. 모든 조건을 극복하고 초월하게 해주는 위대한 에너지다. 그리고 두 사람 사이에서 강렬하게 공유되는 전적으로 사적인 경험이다. 그러나 사랑해서 결혼했다는 커플들을 실제로 조사해본다면 사랑이 학력이나 계층을 초월하는 일은 흔하지 않다는 것을 알게 된다. 피터 버거는 이렇게 표현한다. "큐피드의 번쩍이는 화살이 계급, 소득, 교육, 인종 및 종교적 배경이라는 매우 한정된 경로 안에서 꽤 강하게 유도되고 있는 것 같다는 사실을 발견하게 된다(1995:54)."

비슷한 배경의 사람들끼리 하는 결혼을 동질혼homogamy이라고 하는데, 사랑하는 사이의 결혼에서도 학력, 재산, 종교 등에 있어 동질혼 경향이 강하게 나타난다는 점은 이들의 선택과 결정이 결코 순수하게 개인적인 것이 아니라는 사실을 보여준다. 보이지 않는 힘이 개인들로 하여금 비슷한 사회적 조건을 가진 사람들끼리 만나서 사랑하고 결혼하도록 유도한다. 개인의 결정인 것 같지만 사실은 배후에 거대한 사회적 힘이 작용하고 있는 것이다. 그 결과 '강한 동질혼 경향'이라는 규칙성이 발견된다. 그리고 사회학은 이런 규칙성을 만들어내는 사회적 힘에 관심이 있다.

인간의 삶에서 사회적 힘이 개입되지 않는 영역은 거의 없다. 자연에 가장 가까운 영역인 생리적 현상도 예외가 아니다. 먹고 배설

큐피드의 번쩍이는 화살이
계급, 소득, 교육, 인종 및 종교적 배경이라는
매우 한정된 경로 안에서 꽤 강하게 유도되고
있는 것 같다는 사실을 발견하게 된다.

하는 일은 기본적인 생물학적 욕구에 가까운 것처럼 보인다. 그러나 생물학적 욕구의 충족도 사회에 의해 제어되고 조절된다. 우리는 배고프다고 해서 아무것이나 먹지 않는다. 아무리 다급해도 사회가 먹을 수 있다고 결정한 것을 사회가 용인하는 방식으로 먹는다. 생리적 리듬에 따라 배가 고파지면 밥을 먹는 것 같지만, 사실은 배가 고파지는 시간도 사회에 의해 결정되는 측면이 있다. 그래서 어떤 사회에서는 오후 6시쯤 되면 출출해져서 저녁을 먹게 되고, 어떤 사회에서는 밤 9시는 되어서야 비로소 저녁 식사를 찾게 된다. 마치 사회가 미리 각본을 만들어두고 그 각본을 따르도록 조용히, 그러나 단호하게 우리를 압박하는 것 같다.

이런 사회적 힘은 논리로 설명되지 않는다. 한국인이 면을 먹으려면 젓가락이 가장 편할 텐데 파스타는 불편함을 감수하고 포크를 사용해 먹는다. 파스타도 면인데 말이다. 사회적 힘은 우리의 일상생활에 완전히 녹아들어 있기 때문에 평소에는 그 힘의 존재를 느끼지 못한다. 그러나 가볍게 위반을 시도하면 그 힘이 바로 곁에서 우리를 노려보고 있다는 것이 느껴진다. 예컨대 고급 이탈리안 레스토랑에서 파스타를 먹을 때 젓가락을 가져다 달라고 부탁해보면, 또는 젓가락을 사용해서 먹어보면 사회적 힘의 존재를 경험할 수 있을 것이다.

사회학에서 연구하는 이런 사회적 힘을 가리키는 대표적인 개념이 '사회구조social structure'다. 일상에서 "구조가 단단하다"는 표현을 쉽게 접한다. 이때 구조는 틀을 가진, 뼈대를 가진 무엇을 칭한다. 건물은 대표적인 구조물로서 여러 가지 자재들을 조합해 튼튼하게 지은 결과물이다. 건물에 들어간 사람들은 건물의 출입문, 복도 등에 의해 동선이 유도된다. 따라서 같은 건물 안에서 사람들은 구조가 정한 길을 따라 일정한 경로로만 다니게 된다. 일종의 규칙성이 생기는 것이다.

사회구조는 사회에도 모종의 구조가 존재한다는 것을 의미한다. 물리적 구조와는 다르게 눈에 보이지는 않지만 말이다. 사회구조는 사회의 다양한 요소들이 결합하여 안정된 유형을 형성한 것이라 할 수 있는데, 사회구조에 의해 인간의 사회적 삶은 규칙성을 갖게 된다. 사회구조가 개인들의 상호작용에 영향을 미치는 과정, 반대로 개인들의 상호작용이 사회구조를 변화시켜가는 과정에 대한 연구가 아마도 사회학의 가장 핵심적인 연구라고 해도 지나치지 않을 것이다.

4일

오늘의 키워드

사회적 맥락

왜 우리는 특정한 방식으로 행동하는 것일까?

사회학적 상상력

#사회학적_상상력 #사회적_맥락 #라이트_밀스 #실업 #이혼

사회구조라는 개념이 제도, 규범, 사회경제적 배경, 문화, 학력 등의 단어와 연관되어 있다고 생각했다면 당신은 이미 사회학적 상상력을 발휘하고 있는 셈이다. 사회학적 상상력이라는 멋진 말은 아마 사회학이 가장 사랑하는 표현 중 하나일 것이다. 사회학적 상상력은 개인의 결정과 행동이 이루어지는 사회적 맥락을 파악할 수 있는 정신적 자질을 일컫는다.

사회학적 상상력은 미국의 사회학자 라이트 밀스Charles Wright Mills가 널리 알린 표현으로, 원래는 1959년 그가 저술한 책의 제목이다. 《사회학적 상상력》의 서두에서 그는 "한 개인의 삶과 한 사회의 역사는 그 두 가지를 함께 이해하지 않고는 이해할 수 없다"(2004:16)고 설명하며, 개인과 관련된 문제를 배후의 사회구조적 요인들과 연관시켜 상상할 것을 제안한다. 사회학적 상상력을 통해 개인과 사회를 깊이 있게 이해할 수 있다는 것이다.

밀스가 든 사례를 직접 살펴보자(2004:22-23). 어느 도시에서 한 사람이 실업자라면 그것은 개인의 문제일 수 있다. 가령 게을러서 실업 상태거나, 사람들과 함께 일하는 것이 익숙하지 않아서 일자리를 구하지 못한다고 설명할 수 있겠다. 그러나 한 도시의 실업자 수가 같은 인구의 다른 도시 실업자 수보다 5배 많다면 실업은 더 이상 개인의 문제에 그치지 않고 해당 사회의 구조와 관련된 문제가 된다.

버거가 그랬던 것처럼 밀스도 결혼 사례를 제시했다. 결혼은 가장 사적인 영역에 속하는 관계라고 할 수 있는데, 부부가 이혼을 했다면 두 사람 사이의 결혼 관계에서 원인을 찾을 수 있을 것이다. 그런데 "결혼 이후 첫 4년간의 이혼율이 1,000쌍당 250쌍에 이른다면 이는 결혼, 가족 및 이와 관련된 여러 제도들에 구조적 문제가 있음을 의미한다."(2004:23) 이처럼 사회학적 상상력은 실업이나 이혼을 개인의 문제로만 여기지 않고 사회구조적 맥락을 함께 살피게 해주는 힘이다.

사회학적 상상력을 발휘하기 위한 첫걸음은 거리두기다. 익숙한 일상은 보통 설명을 필요로 하지 않는다. 그러나 너무나도 익숙해서 당연해 보이는 일도, 명백하게 개인적인 선택의 결과로 보이는 행동들도, 한걸음 뒤로 물러서서 거리를 두고 바라보면 보이지 않았던 더 큰 사회적 맥락이 보이게 되고, 개인의 바깥에 있는 거대한 힘이 선택에 영향을 미치고 있음을 알게 된다.

예를 들어 옷을 살 때 색상과 디자인을 내가 선택해서 구입하는 것 같지만 사회 전체의 관점에서 보면 어느 해 겨울에는 국방색 야전 상의 비슷한 외투를 입고 다니는 사람들로 거리가 꽉 찼고, 또 다른 겨울에는 '롱 패딩'이라는 두툼한 외투를 입은 사람들로 북적였던 것을 기억할 것이다. 옷의 선택이 개인의 취향에 의해서만 이루어진 것이 아니라는 이야기다.

사회학적 상상력은 한국의 도로를 달리는 자동차들을 볼 때도 평소에 하지 않았던 생각을 하게 한다. 왜 유럽이나 일본과 달리 경차들이 많지 않을까? 왜 자동차의 색상이 대부분 검은색, 은회색, 흰색일까? 이런 질문들에 대한 답을 추구하다 보면 우리 사회가 자동차에 부여하는 상징, 자동차의 사회적 기능 등과 관련된 새로운 차원들이 보이기 시작할지 모른다.

상상력은 아무것에도 구속받지 않고 무언가에 대해 자유롭게 머릿속으로 그려보는 행위이긴 하지만, 상상력의 내용이 사회학적인 것이 되기 위해서는 어느 정도 '훈련'이 필요하다. 밀스는 사회학적

상상력은 아무것에도 구속받지 않고 무언가에 대해
자유롭게 머릿속으로 그려보는 행위이긴 하지만,
상상력의 내용이 사회학적인 것이 되기 위해서는
어느 정도 '훈련'이 필요하다.

상상력을 자극할 수 있는 구체적인 방법들을 제시한다.(2004:259-266)

그중 몇 가지를 소개하자면, 첫째 자료를 정리하는 것이다. 나중에 더 자세히 설명하겠지만, 사회학적 분석은 자료, 즉 데이터를 필요로 한다. 데이터라고 해서 어렵게 생각할 필요는 없다. 여기에서 예로 든 실업률, 이혼율, 유행하는 옷의 종류, 자동차 크기와 색상 등이 모두 데이터에 해당한다. 예컨대 한 시간 동안 내 앞을 지나가는 승용차들을 크기별로 나누어 세어보고 정리한다거나 우리나라에서 1년간 판매된 자동차의 통계를 찾아보고 판매량을 자동차 크기별로 정리해본다면 큰 차를 선호하는 한국 사회의 특징에 대한 지적 호기심으로 연결되기도 할 것이다.

사회학적 상상력을 자극하기 위한 두 번째 방법은 비교를 통해 자료를 이해하려는 노력이다. 우리에게 당연해 보이는 일도 다른 사회와 비교해보면 한국 사회에서 특징적으로 나타나는 현상이라는 점이 빈번하게 보인다. 한국의 자동차 크기별 판매량과 다른 나라의 자동차 크기별 판매량을 비교해보는 식이다. 또는 역사적으로 다른 시대와 비교해봄으로써 현대 사회의 새로운 면을 발견할 수도 있을 것이다.

세 번째는 자료에 대한 새로운 분류를 시도하는 것이다. 기존의 분류에 그치지 않고 유형들 사이의 새로운 공통분모나 차이를 발견하려고 노력하면 역시 새로운 측면이 보인다. 달리 표현하면 널리 받아들여지는 상식에 안주하지 않고 다른 관점에서 접근해보라는 것이다. 자동차를 크기의 관점에서 분석하는 것에 만족하지 않고, 크기별 색상의 분포를 '교차표'로 작성해본다면 크기가 클수록 무채색이 많아지고 경차에 가까워질수록 자동차 색상이 다양해진다는 것을 확연히 알 수 있다. 그 결과 자동차의 크기와 색상이 가지고 있는 사회적 상징과 그 의미의 이해에 깊이 다가서게 될 것이다.

이외에도 밀스는 사회학적 상상력을 향상시키는 데 유용한 몇 가지 조언을 더 하고 있는데, 무엇보다 가장 중요한 출발점은 개인의 행위를 사회적 맥락과 연관시켜서 보려고 하는 시도다.

오늘의 키워드
근대의 출현

사회학은 어떻게 생겨났을까?

사회학의 탄생

#오귀스트_콩트 #허버트 스펜서 #근대 #산업혁명 #시민혁명

사회학은 비교적 젊은 학문이다. 사회학이라는 이름 자체가 1830년대에 처음 사용되기 시작했으니 그 역사가 200년 남짓밖에 되지 않는다. 사회학이라는 명칭을 만들어낸 학자는 프랑스의 오귀스트 콩트Augueste Comte(1798~1857)로 알려져 있으며, 최초의 사회학자의 영예도 자연스럽게 그의 차지가 되었다.

콩트는 자신이 창제했다고 생각한 새로운 학문을 사회물리학이라고 부르고 싶어했다. 그러나 사회물리학이라는 명칭을 그보다 조금 앞서 벨기에의 천문학자 아돌프 케틀레Adolphe Quetelet가 이미 사용하고 있다는 것을 알게 되자 콩트는 새로운 이름을 지어냈다. 그는 동료, 친구, 이웃을 뜻하는 라틴어 'socius'와 이성, 학문을 뜻하는 그리스어 'logos'를 합성해 'sociologie'라는 명칭을 만들었고, 영국의 학자 허버트 스펜서Herbert Spencer(1820~1903)가 이 개념을 받아들여 영어권에서는 'sociology'로 정착하게 되었다(헤네카, 2016:33). 콩트가 명명한 이 이름은 '공동체에 관한 학문' 또는 '사회에 대한 학문'을 뜻하고, 한국에서는 이를 '사회학'으로 번역해 사용하고 있다.

호기심 많은 독자들은 여기에서 여러 가지 의문이 들 것이다. 콩트 이전에는 사회에 대한 학문적 탐구를 하지 않았다는 말인가? 플라톤, 아리스토텔레스, 공자, 이븐 할둔, 마키아벨리, 홉스, 몽테스키외, 루소, 칸트, 헤겔 등 수많은 학자들이 이미 깊이 있게 사회에 대한 탐구를 수행하지 않았나? 그럼에도 불구하고 사회학이 신생 학문으로서 사회에 대한 탐구를 하겠다고 등장한 이유는 무엇일까? 이전의 사회탐구와 사회학의 사회탐구는 무엇이 다를까?

사회학 등장 이전의 사회연구가들은 대부분 철학자, 사상가 등으로 분류된다. 철학이라는 훌륭한 학문이 수천 년 혹은 수백 년 동안 인간 사회에 대한 심오한 연구를 하고 있었는데도 사회학이 탄생한 이유는 급격한 사회 변동 때문이다. 그 변동이 너무나 급격해서, 변화가 매우 느린 농경 사회에 대한 연구에 익숙한 기존의 탐구 방법으로는 새로운 사회를 충분히 설명할 수 없게 되었다. 그리고 사회 변동과 더불어 더 분석적이고 정확하고 객관적이라고 여겨지는 탐구 방법도 수용되기 시작했다. 이전까지의 삶의 방식과 완전히 다른 삶의 방식을 가능하게 한 이 급격한 변동 이후의 시대를 '근대'라고 하고, 근대의 등장과 더불어 인간의 탐구 방법, 사고방식에 획기적인 변화를 가져온 것이 '과학'이다.

인류가 지구상에 출현한 이래 인간 사회는 끊임없이 변화해왔지만, 특히 산업혁명은 그 전과 그 후의 삶의 질, 삶의 영위 방식을 크게 바꾸어놓은 거대한 사건이었다. 유럽에서 근대의 시작은 산업혁명과 궤를 같이하며, 그 이전을 '전근대', 이후를 '근대'라고 분류한다. 산업혁명은 농업 중심의 생산을 공업 중심으로 이행시켰다. 공장들이 들어선 곳에 그곳에서 일할 노동자들이 몰려들고 대규모 도시들이 형성되기 시작했다. 인구의 대부분이 농촌에서 살며 이웃과 강한 연대를 형성해 생활하던 삶의 방식이 도시화와 더불어 크게 달라졌다. 자급자족이 기본이던 경제활동은 이윤 확대를 위한 생산활동으로 옮겨갔고, 교통과 통신의 발달은 지역 간 관계, 국가의 역할, 국가들 사이의 관계에 큰 변화를 야기했다.

유럽에서 비슷한 시기에 산업혁명과 더불어 인류의 삶의 방식에 근본적인 변화를 가져온 또 하나의 사건은 시민혁명이다. 산업혁명은 평화적인 혁명, 시민혁명은 폭력적인 혁명이라는 이미지가 형성되어 있으나, 산업혁명과 시민혁명은 동전의 양면처럼 사실상 동일한 혁명의 다른 측면이라고 할 수 있다. 왜냐하면 산업혁명의 주축

〈민중을 이끄는 자유의 여신〉, 들라크루아, 1830년

대표적인 시민혁명으로는 1789년에 일어난 프랑스대혁명을 들 수 있다.
시민혁명의 성공으로 인해 정치적, 사회적 과정에서
혈통이 차지하는 중요성은 줄어들고
그 대신 소유의 규모가 혈통을 대체하게 되었다.

세력과 시민혁명의 주축 세력이 중첩되기 때문이다. 따라서 근대를 형성한 거대한 역사적 변동의 경제적 차원이 산업혁명, 정치적 차원이 시민혁명이라고 할 수 있다.*

산업혁명 과정에서 귀족이 아닌 평민으로서 부를 축적한 도시 거주민들이 등장하게 되는데, 이들은 세금을 많이 내면서도 정치에 참여할 수 없어 왕과 귀족들에게 자신의 운명을 맡겨야만 하는 현실에 불만을 품게 되었다. 권력 참여에 대한 그들의 요구가 받아들여지지 않자 결국 시민들이 폭력적으로 봉기한 사건이 시민혁명이다. 대표적인 시민혁명으로는 1789년에 일어난 프랑스대혁명을 들 수 있다. 시민혁명의 성공으로 인해 정치적, 사회적 과정에서 혈통이 차지하는 중요성은 줄어들고 그 대신 소유의 규모가 혈통을 대체하게 되었다. 즉 사회에서 개인의 위치가 부모에게서 물려받은 혈통에 의해 결정되지 않고, 적어도 이론적으로는 스스로 노력해서 축적한 부에 의해 상승할 수 있게 된 것이다. 시민혁명의 결과로 나타난 평민들의 정치 참여는 근대성의 중요한 특징 중 하나다.

이처럼 산업혁명과 시민혁명은 새로운 삶의 방식으로서의 '근대'를 열었다. 새로운 시대인 근대를 규정하는 또 하나의 특징은 과학의 발전이었다. 갈릴레오, 코페르니쿠스, 뉴턴 등의 과학적 성과는

* 종교개혁 세력도 산업혁명 세력, 시민혁명 세력과 중첩되므로 사회 변동의 이 세 가지 차원을 근대의 형성 요인으로 보기도 한다(송호근 2013). 그리고 종교개혁은 근대를 형성하는 문화적 차원의 운동으로 볼 수 있다.

전근대를 지배하고 있던 종교의 힘을 크게 약화시켰으며 동시에 산업혁명을 추동했다. 산업혁명이 이룬 생산성의 급격한 상승과 사회적 부의 팽창은 과학에 대한 신뢰를 높여주었다. 과학은 이전에 설명되지 못했던 현상들을 명쾌하게 설명해냈고, 과학적 성과의 결과물인 기술은 일상을 편리하게 변모시키는 것으로 보였기 때문이다. 이제 사람들은 자연의 세계에서 규칙과 법칙을 발견해낸 과학을 사회 현상의 분석에 적용한다면 이전에 설명되지 않았던 것들이 설명되고 사회적 삶의 법칙들도 발견될 수 있으리라고 여기게 되었다. 특히 산업혁명과 시민혁명으로 사회가 급속한 변동을 겪는 혼란과 혼동의 시기에 '질서'에 대한 희구도 높아졌으며, 과학이 새로운 시대의 무질서해 보이는 사회에서 질서의 단서를 보여줄 것이라는 기대 역시 확산되었다.

그동안에는 철학적인 방법으로 사회를 이해하려는 노력이 이어져 왔으나, 근대로 진입하면서 경험한 완전히 새로운 사회를 과학의 방법과 관점에서 탐구하고자 하는 시도를 하게 되었고, 그 결실이 사회학의 탄생이다. 사회학은 근대가 만들어낸, 과학에 뿌리를 둔 학문인 것이다.

6일

오늘의 키워드
실증주의와 사회진화론

사회학은 어떻게 과학이 되었을까?

오귀스트 콩트와
허버트 스펜서

#에콜_폴리테크닉 #사회동학 #사회정학 #실증주의 #자유주의 #사회진화론

오귀스트 콩트는 에콜 폴리테크닉이라는 대학에서 공부했다. 비록 졸업은 하지 못했지만, 그가 이 학교에서 공부했다는 사실은 이후에 정립될 그의 사회학의 특징을 상징적으로 보여준다.

에콜 폴리테크닉은 프랑스혁명 기간 중에 설립된 고등교육 기관으로, 이름에서 알 수 있듯이 공학대학이다. 프랑스를 이끄는 최고의 엔지니어, 테크노크라트, 과학자들을 배출해왔고, 프랑스대혁명을 기념하는 7월 14일의 바스티유데이 군사퍼레이드에서는 매년 이 학교 학생들이 가장 선두에서 행진을 한다. 사회학의 초석을 놓은 학자가 공대에서 수학한 공학도였다는 점은 사회학의 성격에 대해 시사하는 바가 많다.

콩트는 그의 사회학을 사회동학과 사회정학으로 체계화했는데, 동학dynamics과 정학statics은 공학적, 물리학적 개념으로서 각각 동역학과 정역학이라고도 한다. 동역학이 물질의 움직이는 상태를 연구하는 분야인 것처럼 사회동학은 사회가 변동하는 과정에 관해 연구하고, 정역학이 물질의 평형 상태를 탐구하듯이 사회정학은 사회의 질서, 즉 사회를 지속시키는 구조나 조직에 대해 분석한다. 사회학이라고 명명하기 전에 사회물리학이라는 이름을 선호했다는 사실과 함께, 사회학을 동학과 정학으로 분류했다는 사실은 공학과 자연과학을 전공했던 그의 배경을 뚜렷이 보여준다.

콩트의 사회학은 '실증주의positivism'라는 개념으로 대표된다. 프랑스어 'positivisme'을 한국어로는 실증주의라고 번역하지만, 사실 그는 이 단어를 중의적으로 사용했다. 그는 계몽주의 철학을 부정적negative이라고 비판하며, 이에 대비해 자신의 사회분석 방법을 긍정적positive이라고 주장했다(Marshal, 1994:79-80; 리처, 2004:18). 그리고 사회에 대한 지식은 실제로 증명할 수 있는 경험적 근거에 의해 검증되어야 한다고 주장했다는 점에서 그의 사회학은 실증적positive이다.

그는 사회에 대한 이론을 증명하기 위해서는 관찰, 실험, 비교, 역사적 분석 등을 통해 데이터를 수집해 분석해야 한다고 말했다(Turner, 1985:16-17). 이는 수학, 천문학, 물리학, 화학, 생물학 등의 자연과학에서도 쓰이는 방법들로서 콩트에게는 사회학도 이들 과학과 동일한 범주의 실증주의 과학에 해당했다. 더 나아가 사회학은 다른 과학들의 탐구 대상보다 훨씬 복잡한 인간 사회를 다루기 때문에 사회학이야말로 이론적으로, 방법론적으로 가장 발전된 과학이며 '과학의 여왕'이라고도 주장했다.

과학과 과학적 방법에 대한 그의 신뢰는 인간의 지적 상태가 세 가지 단계를 거쳐 진화한다고 본 '3단계 법칙'에 잘 드러난다. 첫 번째 단계는 초자연적 존재의 시선에서 세계를 인식하는 신학적 단계, 두 번째는 자연의 측면에서 세계를 인식하는 형이상학적 단계, 그리고 마지막 발전 단계는 과학적인 방법으로 세계를 이해하는 실증주의적 단계다. 그가 활동하던 19세기를 이미 실증주의 단계에 진입한 것으로 보았던 콩트는 최고의 실증주의 과학인 사회학이 사회에 대한 과학적 지식들을 생산해내야 한다고 믿었다.

혁명이 이어지는 격변의 시기에 살았던 콩트는 혼란의 상태에 비판적이었는데, 그는 법칙을 발견해내는 과학적 학문인 사회학이 사회의 질서와 안정에 도움이 될 지식들을 제공할 수 있다고 생각했다. "예측하기 위해 탐구하고 예방하기 위해 예측한다"는 그의 명제로부터 사회학에 대한 그의 기대, 즉 사회학이 사회생활의 보편 법칙을 발견해내서 인류 발전과 사회개혁에 기여할 것이라는 그의 생각을 읽을 수 있다(헤네카, 2016:57).

콩트는 사회학의 창시자로 존경받지만 그의 학문적 성과가 오늘날의 사회학에서 중요하게 다뤄지는 편은 아니다. 사회의 탐구에 과학적 방법을 적용해야 한다는 방향성을 제시함으로써 사회학에 방향성을 제시한 것, 특히 프랑스의 사회학자 에밀 뒤르켐Emile Durkheim(1858~1917) 같은 후대 사회학자들에게 영향을 미쳐 결과적으로 사회학이 발전하게 한 것이 아마도 그의 가장 큰 업적일 것이다.

영국의 허버트 스펜서 역시 사회학 발전에 영감을 불어넣은 초기 학자다. 콩트가 과학적 방법을 사회연구에 적용하고자 했다면, 스펜서는 사회를 유기체로 보는 생물학적 관점을 특히 중요하게 생각했다(Turner, 1985).

유기체인 우리 신체를 생각해보면, 각각의 장기들, 즉 심장, 허파, 뇌, 간, 신장 등은 고유한 기능을 수행한다. 동시에 각 장기는 서로 의존적이어서 각 장기가 자기 기능만 수행해도 신체 전체가 유지되고 기능한다. 신체가 건강한 상태를 유지하고 성장하려면 장기들도 건강한 상태를 유지하며 성장해야 한다. 스펜서는 사회도 유기체와 같다고 보았다. 정부, 공장, 교회, 가족, 학교 등은 유기체의 장기들에 해당하며 각각의 고유한 역할을 수행한다. 이들 기관이 서로 의존하며 작동하는 가운데 전체 사회가 유지될 뿐 아니라 유기체처럼 성장하기도 한다.

사회를 유기체로 보는 관점은 자연스럽게 진화론의 수용으로 이

오귀스트 콩트(왼쪽), 허버트 스펜서(오른쪽)

콩트가 과학적 방법을 사회연구에 적용하고자 했다면,
스펜서는 사회를 유기체로 보는 생물학적 관점을 특히 중요하게 생각했다.

어졌다. 1859년 출판된 찰스 다윈의 《종의 기원》은 유럽의 지식인들에게 큰 영향을 미쳤는데, 스펜서는 진화론을 사회연구에 적극적으로 적용한 대표적 학자였다. 생물이 단세포생물에서 다세포생물로, 그리고 고등생물로 진화하며 장기들이 분화하고 상호의존성이 높아지듯이, 사회도 단순한 사회에서 복잡한 사회로 발전하는 과정에서 기능들이 분화됨과 동시에 각 기관들 간의 상호의존을 통한 통합의 정도가 높아져간다고 보았다. 즉 사회의 진화는 분화를 통해 단순한 사회에서 복잡한 사회로 발전하는 과정인데, 분화가 분산을 의미하는 것이 아니라 통합의 과정이라는 것이다.

스펜서는 자유방임을 옹호하는 자유주의자였다. 사회진화론자인 그로서는 자연스러운 결과였다. 생물체가 적자생존, 자연도태의 원리에 따라 환경에 적응하지 못하는 개체와 그 유전자가 도태되고 강한 개체들이 생존하며 번식하는 것이 진화의 과정인 것처럼, 사회도 사회에 적응하지 못하는 사람들이 도태되도록 내버려둬야 진화가 이루어진다고 그는 생각했다.

따라서 정부가 가난한 사람들, 사회에 적응하지 못하는 사람들, 노숙자들을 돕는 것은 사회 진화의 과정을 방해하는 것으로 보았다. 정부는 사회에 최소한으로 개입하고, 개인들은 자유로운 경쟁 속에서 능력 있는 사람들이 그 능력을 발휘함으로써 승리하고 생존하는 것이 바람직한 진화의 방향이라고 본 것이다. 사회학이 사회에 질서를 가져오는 데 기여하고 사회의 개혁을 위해 지식을 생산해야 한다고 생각한 콩트와는 대비되는 관점이다.

7일

오늘의 키워드

자살

자살이 단순히 개인적 고민의 결과일까?

에밀 뒤르켐

#에밀_뒤르켐 #데이터 #자살 #자살론 #통합 #규제 #아노미

콩트와 스펜서는 과학적 방법을 사회연구에 도입할 것을 주장했지만 실제로 그들의 연구는 엄밀하게 말해 과학적이라기보다 사변적이었다. 과학적인 방법을 사회학 연구에 체계적으로 적용하기 시작한 학자는 프랑스의 에밀 뒤르켐이다. 그리고 그는 보르도대학에서 1887년부터 사회학을 가르치기 시작하면서 사회학이 독립된 학문으로 자리 잡는 데 큰 역할을 했다.

뒤르켐은 사회적 힘이 개인의 행위에 어떻게 영향을 미치는지를 연구하는 데 있어 콩트나 스펜서처럼 이성적인 통찰에 주로 의지한 것이 아니라 엄밀한 데이터 분석을 시도했다. 그의 이러한 경험적이고 과학적인 사회학 연구의 대표적 사례가 자살에 대한 연구다.

자살은 가장 사적이고 고통스럽고 고립된 행동으로 보인다. 자살을 한 사람과 가장 가까운 지인들조차도 "자살할 이유가 없다. 최근에도 삶에 대한 강한 의지를 보였다"고 종종 증언할 정도로 자살을 행하기 전에 주위 사람들에게 자신의 심정과 계획에 대해 자세히 소통하는 경우는 많지 않다. 고민하고 괴로워하다가 스스로 실행에 옮기는 모든 과정이 전적으로 혼자만의 결정인 경우가 대부분이다.

언제부터인가 한국의 언론에서는 자살에 대한 기사 말미에 '우울감 등 말하기 힘든 고민'이 있는 사람이 있으면 핫라인에 연락해서 상담을 받으라는 정보를 항상 첨부한다. 자살에 심오한 의미를 부여하려는 사람들은 독일의 철학자 쇼펜하우어Arthur Schopenhauer나 프랑스의 소설가 카뮈Albert Camus를 인용해 자살을 실존에 대한 고민의 극단적 결과로 해석하려 한다. 이런 사실과 시각들은 자살의 원인이 개인 또는 그 개인과 직접적으로 관련된 특수한 상황에 있음을 보여준다.

그런데 만약 자살이 전적으로 개인적 요인에 의한 행동이라면 한 사회의 자살률이 시간이 지남에 따라 들쑥날쑥하거나 다른 사회와 비교했을 때 어떤 해는 높고 어떤 해는 낮은 등 자살률에서 일관성을 발견하기 힘들 것이다. 이에 대해 뒤르켐은 1897년에 출간한 그의 저서 《자살론》에서 자살이 개인적 요인뿐만 아니라 사회적 요인에 의해서도 일어나는 사회적 현상이라는 것을 보여주었다.

자살의 사회적 요인들을 분석하기 위해 뒤르켐은 자살 관련 통계 수치들을 들여다보았다. 그의 《자살론》은 실제로 자살 통계의 빈도 분포표와 교차표를 이용한 분석이 주를 이루고 있다. 《자살론》의 초반부에서는 비사회적 요인인 정신질환, 인종적 특성, 유전, 기후, 기온, 모방 등이 자살을 설명하는 의미 있는 요인들이 아님을 통계적으로 분석하면서 자살에 대한 통설을 하나씩 기각해나갔다. 그리고 본격적으로 자살의 사회적 원인들과 사회적 유형들에 대해 설명했다.

뒤르켐의 분석 사례 중 가장 잘 알려져 있는 것은 개신교도와 천주교도의 자살률 차이다. 그가 인용한 통계의 한 예에 따르면 포르투갈, 스페인, 이탈리아 등 천주교 국가의 자살률은 100만 명당 58건으로 개신교 국가인 프러시아, 독일 남동부의 작센주, 덴마크 등의 100만 명당 190건보다 현저하게 낮았다(1966:152). 같은 국가 안에서도 천주교도의 자살률은 개신교도의 자살률보다 낮았다. 이런 차이는 개신교도 거주 지역의 평균 기온이 낮아서도, 개신교도들이 우울증을 앓는 유전자를 더 많이 물려받아서도 아니다. 개신교가 자살에 더 관대하거나 자살을 미덕으로 여기지도 않는데 왜 이런 차이가 있을까?

뒤르켐은 '통합'이라는 사회적 요인으로 두 종교 간의 자살률 차이를 설명했다. 교황을 정점으로 거대한 관료제적 조직을 형성하고 있는 천주교는 교회와 교구를 중심으로 신도들도 잘 조직되어 있다. 신앙생활에서 교회와 사제의 역할이 절대적으로 중요했고 자연스럽게 교회를 중심으로 신도들의 강한 공동체가 형성되는 전통을 가지고 있었다. 반면 교회의 폐해를 비판하며 탄생한 개신교는 개인이 신과 교감을 하는 데 있어 교회가 필수적 중재자는 아님을 인정했고 교회의 통제를 받지 않는 개인의 자유로운 사상과 행동을 더 용인하는 편이었다. 따라서 상대적으로 약한 공동체를 형성하게 된다. 이러한 이유로 공동체 통합의 정도가 천주교에 비해 개신교가 낮게 되는데, 낮은 사회적 통합의 정도 때문에 개신교도들은 결속력이 높은 천주교도보다 개인적으로 고립되기 쉽고 자살률도 높아지게 된다는 것이다.

뒤르켐은 '통합'과 '규제'라는 두 가지 사회적 요인들을 가지고 자살을 유형화했다. 통합은 개인이 사회에 결속된 정도를 의미하고, 규제는 사회적 규범이 작동하는 정도를 말한다. 그는 사회적 통합이 강할 때 발생하는 자살 유형을 '이타적 자살', 통합이 약할 때 발생하는 자살을 '이기적 자살', 사회의 규제가 약할 때 발생하는 자살을 '아노미적 자살'로 분류했다.

뒤르켐의 종교 간 자살률 비교에서 개신교도의 자살률이 천주교도보다 높은 것은 개신교도들 사이에서 이기적 자살의 유형이 더 많이 발생하기 때문이다. 이타적 자살은 단어에서 쉽게 연상하게 되

에밀 뒤르켐

뒤르켐은 사회적 힘이 개인의 행위에
어떻게 영향을 미치는지를 연구하는 데 있어
콩트나 스펜서처럼 이성적인 통찰에 주로 의지한 것이 아니라
엄밀한 데이터 분석을 시도했다.

는 '타인을 위한 숭고한 희생'을 의미하는 것이 아니다. 개인이 사회에 지나치게 강하게 결속되어 사회의 가치가 개인의 가치에 우선하게 될 때 발생하는 자살이다. 극단적 근본주의 종교 신봉자들이 그들이 믿는 위대한 선을 위해 행하는 자살 테러가 대표적 사례다.

'아노미'는 뒤르켐의 또 하나의 중요한 사회학 개념인데, 사회를 지탱하고 있던 규범이 무너지고 이를 대체할 새로운 규범이 아직 자리잡지 못한 무규범의 혼란 상태를 지칭한다. 아노미적 자살은 바로 이런 아노미의 급격하고 불안한 사회 변동 상태에서 발생하는 자살이다. 사회경제적 급변기에 자살률이 치솟는 것은 바로 이 아노미적 자살의 급증으로 설명할 수 있다.

사회적 통합이나 규제 같은 사회적 요인들을 뒤르켐은 '사회적 사실'이라고 부른다. 사회적 사실은 개인의 외부에서 개인에게 영향력을 행사하는 실재하는 힘이다. 한 집단에서 형성된 유대의 강도가 구성원들의 행동에 영향력을 미치는 것처럼 말이다. 그리고 사회학은 이러한 사회적 사실을 물질인 것처럼 분석해야 한다고 주장했다. 그러면 자연과학이 물질을 연구하는 것과 같은 방법으로 사회를 과학적으로 연구할 수 있게 된다는 논리다. 뒤르켐은 콩트가 주장했던 과학적 방법의 사회연구를 실천에 옮김으로써 현대 사회학의 발전에 큰 영향을 미쳤다.

8일

오늘의 키워드
사회주의

경제적 불평등은 결국 필연인 걸까?

카를 마르크스

#카를_마르크스 #계급의식 #유물론 #사회주의

카를 마르크스Karl Marx(1818~1883)는 가장 널리 알려진 이름이면서 오해도 많이 받는 학자다. 그는 스스로 "나는 마르크스주의자가 아니다"라고 했다는 이야기가 전해질 정도로 생존 당시에도 많은 오해를 받았던 모양이다(Henslin, 2007:7). 마르크스의 이름이 많은 사람들에게 공산주의를 연상시켜서인지 마르크스를 소련 혹은 러시아 사람이라고 알고 있는 사람들도 생각보다 많다. 공산주의와 비극적인 전쟁을 겪었고 현재도 대치 상황에 있는 한국에서는 한동안 그의 이름이 금기시되어 그의 저서들을 합법적으로 구매해서 읽을 길이 없었던 때도 있었다.

그러나 근대 혹은 현대 사회를 이해하기 위한 진지한 시도를 해 본다면 도처에서 그의 이름을 만나게 된다. 경제학, 정치학, 철학, 인류학, 심리학, 문학, 종교학, 미학, 역사학 등 거의 모든 인문학과 사회과학 분야에서 그는 중요하게 다루어지는 학자다. 마르크스가 스스로를 사회학자라고 인지하고 있었다는 증거는 없지만, 인간 행동과 사회 변동의 사회구조적 요인에 주목하는 그의 분석 방법은 그 자체가 사회학적일 뿐만 아니라 사회학의 중요한 이론적 패러다임을 형성하는 초석이 되었다.

마르크스는 독일에서 태어나 교육을 받으며 성장했으나 그의 혁명적 사상 때문에 독일에 머무를 수 없었다. 파리와 브뤼셀에서 망명생활을 하다가 1840년 런던으로 이주해서 정착했다. 당시 세계에서 가장 빠르게 산업화가 진전되고 있던 영국 사회를 관찰하면서 그의 관심은 자본주의의 부조리, 특히 불평등의 심화에 집중되었다. 농업 중심이던 과거와는 비교가 되지 않을 정도로 생산성이 폭발적으로 증가하는 와중에 생산된 가치가 고르게 분배되지 않고 어느 한쪽으로만 집중되는 상황에 주목한 것이다.

경제적 가치의 생산은 설비와 원료를 조달하는 자본과 그 설비와 원료를 가지고 직접 일을 하는 노동이 결합해야만 가능한데, 가치의 생산에는 이 자본과 노동 양자가 필수적임에도 불구하고 생산의 결실은 자본이 독점하다시피 하고, 노동자는 오히려 궁핍해진다

카를 마르크스

사회주의에 대한 예측이 틀렸다고 해서
마르크스의 학문적 업적이 부정되는 것은 아니다.
그는 매우 중요한 질문들을 던졌고, 이러한 문제의식은
사회학의 발전에 지대한 영향을 주었다

는 것이 마르크스의 문제의식이었다. 그에 따르면 노동자들은 자신들의 노동이 착취되고 있다는 것을 인식하게 되면서 노동자로서의 계급의식을 발전시켜 공유하게 되고, 자본가는 자신들의 이익을 지키려 노력하는 가운데 자본가로서의 계급의식을 형성하게 된다. 노동자 계급과 자본가 계급은 근본적으로 갈등관계이며, 이러한 '계급투쟁'은 사회를 변동시키는 원동력이 된다. 산업화 과정에서 형성된 시민 세력이 농지를 소유한 왕과 귀족들에 대항해 봉건주의를 붕괴시키고 자본주의로 진입하게 된 것처럼 말이다.

마르크스의 사회학적 관점은 그의 '역사적 유물론'에 잘 드러난다. 마르크스에게 깊은 영향을 미친 독일의 철학자 프리드리히 헤겔 Friedrich Hegel(1770~1831)은 정신의 발전이 경제적 발전을 비롯한 역사의 발전을 이끈다고 분석했는데, 마르크스는 반대로 물질적 조건, 즉 경제적 조건이 역사발전의 원동력이라고 보았다.

그의 이러한 주장은 "토대(하부구조)가 상부구조를 구축한다"는 명제로 집약된다. 이 명제에서 경제적 생산 방식(마르크스 개념으로는 '생산양식')이 토대 또는 하부구조, 그리고 정치, 종교, 이데올로기를 포함하는 나머지가 상부구조가 된다. 마치 집을 지을 때 기반이 되는 토대가 얼마나 단단한지에 따라 그 위에 지어지는 건물의 규모가 결정되듯이 사회의 정치, 종교, 이데올로기, 문화 등의 상부구조는 그 시대의 경제적 생산의 토대에 의해 결정된다는 것이다. 따라서 봉건주의 생산양식에서는 농업경제의 토대 위에서 그에 상응하는 정치, 문화, 사상 등이 형성되고, 자본주의 생산양식에서는 역시 산업생산의 토대에 어울리는 상부구조가 구축된다. 이처럼 경제적 생산양식이 변동함에 따라 인류는 노예제, 봉건제, 자본주의를 거쳐 최종적으로 사회주의 사회로 진입할 것이라고 그는 예측했다.

마르크스가 예측한 사회주의 사회는 생산성이 높은 사회다. 사회주의는 이미 이전 단계인 자본주의의 높은 생산성의 기술을 물려받은 상태이고, 생산된 막대한 가치를 사회가 관리하므로 소수의 개인이 부를 독점하지 못하게 된다. 따라서 사람들이 "능력에 따라 일하고, 필요에 따라 소비"하면서 자아를 실현시킬 수 있는 이상적인 민주주의 사회가 될 것이라고 마르크스는 생각했다.

그러나 마르크스가 예상했던 이상적인 사회주의 사회는 오지 않았다. 기대와는 달리 그의 사후에 사회주의 혁명에 성공한 나라들은 대부분 경제발전에 성공하지 못했고, 개인의 자유도 억압받았다. 그는 자본주의가 노동자들에게 더 많은 분배를 하리라는 것, 모순을 해결하고자 하는 내적인 노력을 하리라는 것을 예상하지 못했다. 그러나 다른 한편으로, 자본주의가 발전한 사회들이 마르크스의 분석과 경고를 수용해서, 예컨대 노동자 정당 등을 민주주의와 자본주의의 틀 안에서 제도화했다는 점은 그의 예측이 완전히 틀리지는 않았다는 것을 보여주기도 한다.

사회주의에 대한 예측이 틀렸다고 해서 마르크스의 학문적 업적이 부정되는 것은 아니다. 그는 계급구조 안에서의 위치가 사고방식과 행위에 어떤 영향을 미치는지, 경제적 요인들이 다른 사회적 요인들에 어떤 영향을 미치는지, 사회의 갈등들은 사회 변동에 어떤 영향을 미치는지 등에 대해 매우 중요한 질문들을 던졌고, 이러한 문제의식은 사회학의 발전에 지대한 영향을 주었다(헤네카, 2016:64).

생산성이 고도로 발전한 21세기에도 빈부격차의 확대와 불평등의 심화는 심각한 상황으로 받아들여지고 있고, 마르크스의 문제의식은 여전히 유효한 것으로 보인다. 21세기의 빈부격차 문제를 분석해서 전 세계 지식인들에게 큰 반향을 불러일으켰던 경제학자 토마 피케티Thomas Piketty의 2014년작 책 제목이 마르크스의 저서인《자본》과 동일한 것은 우연이 아니다(피케티의 책 제목에는 '21세기'라는 수식어가 붙어 있긴 하지만).

9일

오늘의 키워드
이해의 사회학

종교가 경제에 미치는 역할은?

막스 베버

#가톨릭 #개신교 #자본주의 #칼뱅 #예정설

독일의 사회학자 막스 베버Max Weber(1864~1920)도 다른 초기 사회학자들처럼 산업혁명이 가져온 사회 변동, 특히 자본주의의 발달에 관심을 가졌다. 그는 산업혁명과 자본주의의 발전이 가톨릭이 지배적이던 스페인, 포르투갈, 이탈리아 등 유럽의 남부지역보다는 개신교가 우세한 독일, 영국, 프랑스, 네덜란드 등 북부지역에서 훨씬 활발하게 일어났다는 점에 주목했다. 그리고 이에 대한 연구를 그의 가장 대표적인 저서가 된 《프로테스탄트 윤리와 자본주의 정신(1905)》에 담아냈다.

산업혁명이 일어나기 전에는 스페인, 포르투갈, 이탈리아가 세계의 바다를 지배하며 거대한 부를 축적했던 것을 떠올려보면, 뒤처져 있던 북유럽 국가들이 자본주의적 발전에 성공해서 남유럽을 추월한 것은 의아한 일이다. 이에 대해 베버는 유럽 북부 국가들에서 우세한 프로테스탄티즘, 즉 개신교가 자본주의와 '선택적 친화력'이 있기 때문이라고 설명한다. 특히 16세기의 종교개혁 신학자인 장 칼뱅Jean Calvin의 '예정설'과 '금욕주의'가 자본주의의 발전을 촉진시켰다고 분석한다.

대부분의 종교는 사후세계를 상정하고 있고, 이 사후세계는 보통 천국과 지옥으로 나뉜 이분법적인 세계다. 누가 천국에 가고 누가 지옥에 가는가? 이에 대한 답도 대부분 명확하다. 착하게 산 사람이 천국에 가고 악하게 산 사람은 지옥에 간다. 그렇다면 개인이 사후에 천국에 갈지 지옥에 갈지를 결정하는 것은 신이 아니라 개인의 의지와 행위가 된다. 내가 착하게 살려고 노력하면 그 결과 구원을 받을 수 있기 때문이다.

그런데 신의 관점에서 볼 때 이런 논리는 신을 신의 자리에서 끌어내리는 격이다. 신은 정의상 전지전능하고 시공을 초월한 존재여야 한다. 따라서 개인이 태어나기도 전에 그 사람의 사후 구원 여부를 신은 이미 알고 있어야 한다는 것이 자연스럽다. 종교혁명의 촉발점이 된 교회의 면죄부 판매는 사람의 구원 여부를 신이 아닌 면죄부를 구매하는 개인의 행위로 환원시켜버린 극단적 사례였기 때문

막스 베버

베버는 마르크스와는 달리 물질적, 경제적 조건뿐만 아니라
종교라는 문화적 요인도 사회 변동에 중요한 역할을 할 수 있음을 보여준다.

에 개인의 구원 과정에서 신의 역할이 중요하지 않게 되었고, 이는 신의 신성을 침범한 불경한 행위로 종교개혁 세력에게 비판받았다. 이에 대해 종교개혁 세력인 칼뱅이 신성을 모독한 로마교회를 비판하며 신을 신의 위치로 되돌린 신학적 이론이 예정설이다. 모든 사람은 태어나기 전에 이미 그의 구원이 예정되어 있다는 논리다. 구원은 개인의 믿음과 행위로 바꿀 수 있는 영역이 아니고, 온전히 신의 영역이라는 의미다.

칼뱅의 예정설은, 개인의 구원은 신의 영역이므로 개인이 할 수 있는 것은 자신의 행위를 통해 신의 결정을 바꾸는 것이 아니라, 자신의 구원을 확신하고 신을 믿으며 열심히 생활하는 것밖에 없다는 내용이다. 그러나 이 예정설은 신앙의 순수함을 회복하고자 하는 종교개혁 세력의 신도들, 즉 개신교도들에게도 매우 불편한 논리였다. 신의 계획을 의심하는 것조차 불경한 행위이므로 예정설을 받아들이긴 했겠지만 그들은 자신이 과연 구원받을 존재인지 궁금했을 것이다. 그들은 구원 여부에 대한 일종의 징후라도 알고 싶어했다. 아마 성서를 읽으며 구원의 암시가 될 수도 있는 내용에 위안을 받았을지도 모른다. 책을 읽을 때 첫 페이지부터 읽듯이, 성서를 첫 페이지부터 읽다 보면 재미있는 이야기들이 많이 나온다. 구약성서의 초반부에는 신이 사랑한 사람들에 대한 이야기들이 많이 나오는데 이들은 대부분 부자들이었다.

구약성서는 유대교의 경전으로, 유대교에서 신의 축복은 현세에 부와 자손의 형태로 이루어진다. 신이 사랑했던 아브라함, 이삭, 야곱, 다윗, 솔로몬 등은 족장이나 왕으로서 최고의 부자들이었다. 신이 사랑했으니 천국에 갔을 것이다. 칼뱅주의 개신교도들은 이들에 대한 이야기에서 위안을 받았을 것이다. 자신이 죽기 전에 부자가 되어 있다면 신이 자신을 사랑한 증거라고, 신이 사랑했다면 분명히 천국에 가도록 예정되어 있을 것이라고 믿고 싶었을 것이다. 그 결과 신앙심 깊은 개신교도들은 이를 일종의 자기충족적 예언으로 받아들여서 부자가 되기 위해 열심히 노력했을 것이다.

실제로 개신교 윤리는 현세에서의 직업이 신의 소명(혹은 부름)이므로 신에게서 위탁받은 세속적인 일을 열심히 할 것을 요구했다. 종교개혁 이전의 교회에서 소명은 성직에나 해당되는 일이었다. 소명으로서의 직업 외에도, 청빈할 것, 특히 사치하지 말 것, 근면할 것 등의 금욕주의가 칼뱅주의 교리의 중요한 축이었다. 신실한 개신교도들이 이러한 교리를 지키며 낭비하지 않고 열심히 일한 결과 재산이 모이게 되었다. 그리고 모인 재산을 축적하고 재투자하는 것이 자연스러운 일이 되었다. 부가 늘어날수록 신의 선택을 받았다는 확증도 비례해서 증가하기 때문이다. 이러한 논리와 교리가 유독 개신교 지역인 북부 유럽에서 자본주의적 발전을 촉진하게 되었다는 것이 베버가 말하는 요지다. 그 결과 종교라는 관념과 가치의 영역이 경제발전에 결정적 영향을 미치고 있음을 베버는 설명한다. 마르크스의 개념으로 바꾸자면 상부구조가 자율성을 확보하고 하부구조에 영향을 미칠 수 있음을 보여주고 있는 것이다.

이처럼 베버는 마르크스와는 달리 물질적, 경제적 조건뿐만 아니라 종교라는 문화적 요인도 사회 변동에 중요한 역할을 할 수 있음을 보여준다. 이런 맥락에서 베버는 자본주의의 특징 중 하나를 '합리성'이라는 가치의 차원으로 규정한다. 마르크스가 자본과 노동의 결합이라는 생산양식, 즉 경제적 개념으로 자본주의를 규정한 것과 상반된다. 마르크스의 이론에서 관념과 가치는 하부구조인 경제적 생산양식에 의해 결정되는 부분이지만, 베버는 관념과 가치도 자율성을 가지고 있다는 점, 즉 경제에 의해 전적으로 영향을 받기만 하는 것이 아니라 오히려 경제에 영향을 미칠 수도 있다는 점을 설명했다.

베버의 사회학을 '이해의 사회학'이라고도 하는데, 이 점에서 그는 앞의 초기 사회학자들과 다른 특징을 보인다. 그에게 있어서 사회적 행위를 이해하는 것은 행위의 외관만을 관찰하는 것으로는 충분하지 않았다. 콩트, 마르크스, 뒤르켐 등은 정도의 차이는 있지만 관찰 가능한 현상에 대한 경험적이고 실증적인 분석을 연구방법론의 핵심으로 삼았다. 그러나 베버의 사회학에서는 행위 자체의 관찰만으로는 충분하지 않다. 사회적 행위는 다른 사람과 관련된 '주관적 의미'를 갖기 때문이다. 겉보기에는 동일한 행위인 것처럼 보여도 그 행위의 주관적 의미가 다를 수 있으므로 사회적 행위를 이해하기 위해서는 행위를 행위자의 체험과 관련시켜야 한다는 것이다.

베버에 따르면 동일해 보이는 행동도 그 의미를 따져보면 완전히 다른 사회적 행위가 될 수 있다. 예를 들어 4명의 사람이 각각 1,000만 원을 불교 사찰에 시주했다고 가정하자. 겉으로 드러난 4명의 행위는 동일해 보인다. 그런데 그들의 내적 의도는 다를 수 있다.

첫 번째 사람 A씨는 고도의 합리적 계산의 결과 1,000만 원을 시주했다. 예컨대 그의 소득이 10억 원이라고 가정하자. 이해를 돕기 위해 비현실적으로 세율을 단순화시켜서, 10억 원 미만의 소득자는 세율이 총소득의 10퍼센트, 10억 원 이상은 총소득의 20퍼센트라고 하자. A씨는 1,000만 원을 기부하고 소득공제를 받아 2억 원 내야 할 세금을 1억 원으로 감면받는다. 1,000만 원을 썼지만 결과적으로 9,000만 원을 아꼈다. 두 번째 사람 B씨는 불심이 깊은 불교 신자다. 부처님을 위해 1,000만 원을 시주하는 것은 전혀 아깝지 않다. 오히려 시주함으로써 더 큰 복을 받으리라 믿고 있기에 1,000만 원이 없어져도 더 행복하다.

세 번째 사람 C씨는 어느 날 서울 도심의 조계사 앞을 지나가다가 누더기 장삼을 걸치고 탁발하고 있는 스님을 보았다. 목탁을 두드리며 염불하는 스님의 표정이 너무나도 평화롭고 성스러워서 갑

자기 깊은 감동을 받았다. 그래서 호주머니에 있던 1,000만 원을 기꺼이 시주했다(집에 가서는 후회했을지언정). 마지막으로 D씨는 집안 대대로 불교를 믿어왔다. D씨가 기억하는 한 그의 집안은 매년 4월 초파일이면 원찰願刹에 현재의 1,000만 원에 상당하는 금액을 시주해왔다. D씨는 특별히 불심이 깊은 것은 아니지만 매년 1,000만 원을 시주할 경제적 능력이 있고, 올해에도 당연하게 1,000만 원을 시주했다.

베버에 따르면 이 네 사람의 외관상 행위는 동일하지만 내적 의미는 전혀 다르다. A씨의 행위는 '목적합리적' 행위, B씨의 행위는 '가치합리적' 행위, C씨는 '감정적' 행위, 그리고 D씨는 '전통적' 행위라고 베버는 분류할 것이다. 목적합리적 행위는 목적을 달성하기 위해 수단이 합리적으로 계산된 행위를 말한다. 가치합리적 행위는 개인이 가지고 있는 가치나 신념에 부합하는 행위로서 실제로는 비합리적인 행위다. 감정적 행위는 그때그때의 충동적인 감정과 기분에 좌우되는 행위다. 전통적 행위는 지속적으로 행해오던 습관이나 관습에 의해 반복하는 행위다.

이처럼 베버는 사회적 행위를 설명할 때 외면적 관찰에 그치지 않고 해석적인 이해를 시도하고 그 진행과 효과를 인과적으로 설명할 것을 주장했다. 해석적 이해는 정신과학적 요소, 인과적 설명은 자연과학적 요소로서 베버의 사회학적 설명은 이 두 요소가 결합된 '이해의 사회학'인 것이다. 베버의 이러한 해석적 방법은 심리학주의라는 비판을 받기도 하지만, 마르크스의 경제결정론적 틀에서 탈피해 보다 다원론적 관점에서 사회적 행위와 현상의 풍부한 설명을 가능하게 한다는 장점도 가지고 있다.

오늘의 키워드
질서와 규칙성

사회학이 이루어낸 것들

사회학의 선구자들

#고전_사회학자 #진화 #사회학의_창시자 #사회_질서 #규칙성

지금까지 이야기한 다섯 명의 고전 사회학자들은 관심 주제, 탐구 방법, 이론 등에서 서로 큰 차이가 있다. 그러나 산업사회로 향하는 사회 변동의 심층적인 토대를 연구했다는 점에서는 공통적이다. 이때 이들은 행위자 개개인보다는 모든 개인의 행위를 관통하는 구조적이고 외적인 사회적 힘에 일차적 관심을 가지고, 이 힘이 만들어내는 행위의 규칙성에 주목했다. 또한 실험, 비교, 관찰, 통계 등 경험과학의 방법을 적극적으로 적용함으로써 사회연구의 인식론적 전환을 이루었다.

사회를 진화적 관점에서 분석했다는 것도 공통점이다. 콩트는 사

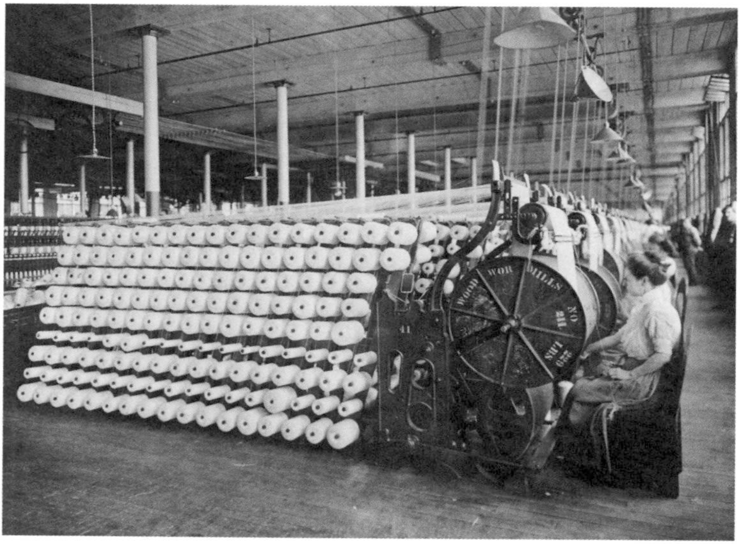

산업혁명

사회학적 상상력은 급격히 변동하는 사회에서도
질서와 규칙성을 발견하게 해주고,
알 수 없는 미래에 대한 불안에 맞서게 도와주는
강력한 인식적 도구다.

회가 인간의 정신적 노력의 발전에 따라 신학적 단계, 형이상학적 단계, 실증주의적 단계로 발전할 것이라고 주장했다. 스펜서는 다윈의 진화론을 사회 변동에 그대로 적용해 사회가 미분화된 단순한 상태에서 분화된 복잡한 상태로 진화할 것이고, 이 과정에서 적자생존의 원칙에 따라 야만적인 단계에서 문명화된 단계로 발전할 것이라고 주장했다.

마르크스는 물질적 조건의 변증법적 과정을 통해 사회가 원시공동사회에서 노예제, 봉건사회, 자본주의 사회, 사회주의 사회로 변동할 것이라고 예측했다. 뒤르켐은 사회의 연대가 동질성과 강한 통합이 특징인 기계적 연대에서 이질성과 상호의존성이 특징인 유기적 연대로 이행하는 것으로 당대 사회를 분석했으며, 베버는 합리성의 확산으로 발전을 설명했다. 이들의 핵심 개념과 미시적인 주제들은 상이하지만, 모두 사회의 변동을 발전, 즉 진화의 관점에서 보았다는 점에서는 일치한다.

콩트와 스펜서는 사회학의 창시자들이라는 명예는 남겼으나 사실상 현대 사회의 분석에 그들의 이론이 적용되는 경우는 거의 없다. 마르크스, 뒤르켐, 베버의 이론들은 활발하게 활용되고 후대 학자들에 의해 계속 발전하고 있다. 한국의 현대 사회를 분석할 때도 이들의 이론, 혹은 이들의 영향을 받은 이론적 전통이 힘을 발휘하고 있다.

예를 들어 확대되는 불평등의 문제를 연구할 때는 마르크스의 이론이 중요한 통찰력을 제공해준다. 한국과 비슷한 시기에 비슷한 형태로 고도성장을 한 아시아의 나라들(4마리 호랑이들이라고 불리는 한국, 대만, 홍콩, 싱가포르)에 대한 연구에서 이 사회들의 공통된 유교적 전통에 주목한 것은 베버의 영향이라고 볼 수 있겠다. 세계적으로 높은 한국의 자살률*을 분석할 때는 뒤르켐의 이론을 적용하여 지나치게 급속한 사회 변동의 결과 발생한 규범의 부재 상태인 아노미와 그가 '유기적 연대'라고 부르는 급격히 약화된 사회 통합의 상태를 분석하게 된다.

사회학의 선구자들은 사회학적 상상력의 정수를 가르쳐주었다. 그들은 사회적 격변에 휩쓸려서 그것을 당연한 것으로 보지 않고 이전의 사회 질서와 근본적인 면에서 다르다는 것을 인식했다. 그리고 과학이라는 새로운 방법론을 적용하여 이전에 시도되지 않았던 새로운 설명을 시도했다. 이처럼 당연해 보이는 현실에서 한 걸음 물러서서 의문을 품는 것이 사회학적 상상력의 출발점이다. 사회학적 상상력은 급격히 변동하는 사회에서도 질서와 규칙성을 발견하게 해주고, 알 수 없는 미래에 대한 불안에 맞서게 도와주는 강력한 인식적 도구다.

* 통계청에 따르면 2019년 기준 한국의 자살률은 10만 명당 28.6명으로 세계 평균 9.2명의 3배 이상에 달한다. 이는 세계 3위, OECD 가입국 중에서는 단연 1위에 해당한다(국가통계포털 http://www.kosis.kr).

11일

오늘의 키워드

경향

"교육수준이 높아질수록 소득이 증가하는 경향이 있다"

변수와 인과관계

#인간 #자유의지 #경향 #상관관계 #인과관계 #허위관계

자연과학의 연구는 일반적으로 이론에서 가설을 도출하고, 가설을 경험적 증거에 의해 검증하고, 검증된 가설로 이론을 강화, 수정, 또는 기각하게 되는 사이클을 따른다. 이 과정에서 증거 또는 데이터를 수집하는 단계인 경험적 관찰이 매우 중요한 역할을 한다. 과학은 증명 가능한 데이터를 모으기 위해 관찰, 실험, 비교 등의 방법을 동원한다. 과학에 뿌리를 두고 출발한 사회학(뿐만 아니라 사회과학 전반) 역시 기본적으로 과학의 이런 연구 방법을 따른다.

그러나 인간을 탐구하는 사회학에 사물이나 자연을 대상으로 하는 자연과학과 완전히 동일한 과학적 방법을 적용할 수는 없다. 인간은 자유의지를 가지고 행동하는 존재이므로 수동적인 관찰 대상으로만 머무르지 않는 경우가 많기 때문이다. 극단적으로는 어떤 의도를 가지고 연구자의 연구를 방해할 수도 있다. 따라서 사회학은 예외 없는 법칙이 아닌 '경향'을 발견하려고 한다. 그리고 이런 경향은 종종 통계적 확률로 계산된다. 예를 들어 "교육수준이 높을수록 소득이 높아진다"라고 사회학은 단언하지 않는다. 교육수준이 낮아도 최고의 부자가 된 예외 사례들이 많기 때문이다. 하지만 여전히 소득은 교육수준에 비례해서 높아지는 경우가 훨씬 많다. 그래서 사회학적 진술은 "다른 모든 조건이 동일할 때, 교육수준이 높아질수록 소득이 증가하는 경향이 있다"고 표현한다.

이야기가 나온 김에 교육과 소득을 계속 예로 들어보자. "교육수준이 높을수록 소득이 높아진다"는 명제는 증명이 되기 전까지는 '가설' 상태로 남아 있다. 가설은 관찰이나 측정에 의해 증명을 기다리는 상태다. 이 가설은 두 개의 '변수'와 두 변수 사이의 예상되는 관계에 대한 진술로 이루어져 있다. 변수는 말 그대로 값이 변할 수 있는 수다. 예를 들어 '소득' 변수를 가지고 1,000명을 측정하면 다양한 변이가 관찰될 것이다. 한국인만 1,000명을 추출해서 조사를 할 때 굳이 국적을 물어볼 필요는 없다. 물어봐도 모두 한국인이라고 대답할 테니 여기에서 국적은 변수가 아닌 '상수'다. 사회학은 주로 변수 간의 관계를 규명하고자 한다. 한 변수의 관찰값이 변화할 때 다른 변수의 관찰값도 함께 변화하는지를 밝혀보고 싶은 것이다. 교육수준이 높은 사람은 소득이 높은 경향이 있고, 역으로 소득이 높은 사람은 교육수준이 높은 경향이 관찰되었다고 하자. 이때 교육과 소득이라는 두 변수 간에는 '상관관계'가 있다고 표현한다.

사회학(뿐만 아니라 모든 과학)은 변수 사이의 상관관계에 만족하지 않고 어느 변수가 원인이고 어느 변수가 결과인지, 즉 두 변수의 '인과관계'를 알고 싶어한다. 규칙적인 사회 현상의 원인을 이해하고 싶은 것이다. 이때 원인이 되는 변수를 '독립변수', 결과가 되는 변수를 '종속변수'라고 부른다. 교육수준과 소득 두 변수의 관계에서 독립변수는 교육수준, 종속변수는 소득이라고 쉽게 추측할 수 있을 것이다.

인과관계가 성립하기 위해서는 적어도 세 가지 조건이 충족되어야 한다. 첫째는 두 변수 사이에 상관관계가 성립해야 한다는 것이다. 키가 큰 사람은 몸무게도 많이 나가는 경향이 있다. 키라는 변수와 체중이라는 변수는 한쪽의 값이 올라가면 다른 변수의 값도 증가한다. 이처럼 한 변수의 변수값이 변화할 때 다른 변수의 변수값이 체계적으로 변화하면 두 변수 간에 상관관계가 있다고 본다.

인과관계의 두 번째 조건은 독립변수가 종속변수보다 시간적으로 앞서야 한다는 것이다. 보통은 교육을 먼저 받고 취업을 해서 소득이 발생하는 것이지, 돈을 많이 벌고 보니 교육수준이 높아지는 것은 아니다. 세 번째 조건은 두 변수의 관계가 허위관계가 아니어

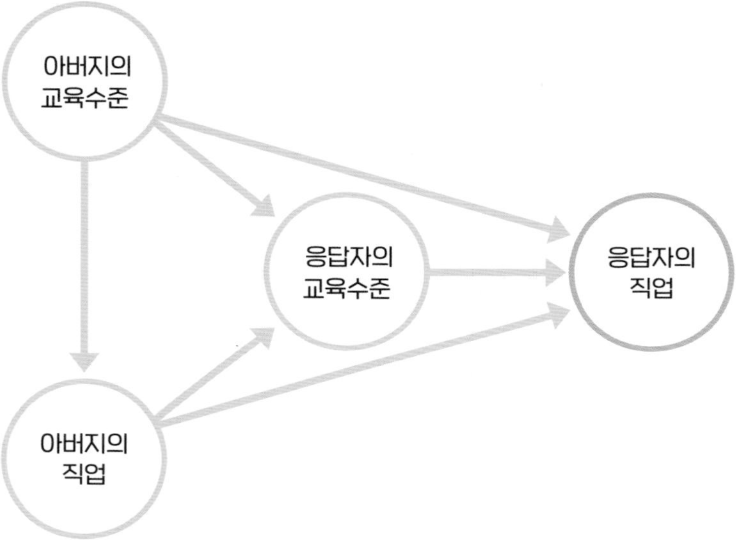

변수와 인과관계

사회학(뿐만 아니라 모든 과학)은 변수 사이의 상관관계에 만족하지 않고
어느 변수가 원인이고 어느 변수가 결과인지,
즉 두 변수의 '인과관계'를 알고 싶어한다.

야 한다는 것이다. 사회학이 현상의 인과관계 규명을 위해 가장 신경을 쓰는 부분 중 하나가 바로 변수 간의 관계가 허위관계인지 아닌지에 대한 분석이다.

허위관계에 대해 좀 더 살펴보기 위해 앞에서 얘기한 뒤르켐의 자살 연구를 상기해보자. 뒤르켐이 분석한 데이터에 따르면 개신교도의 자살률이 천주교도의 자살률보다 높았다. 이 분석에서 독립변수는 종교, 종속변수는 자살 행동이다. 그런데 뒤르켐은 종교가 직접적인 원인이라고 보지 않았다. 종교에 따라 사회 통합의 정도가 다르고, 통합 정도의 차이가 자살률의 차이에 영향을 끼치는 것으로 분석했다. 이를 도식으로 표현하면 다음과 같다.

종교는 통합에만 영향을 미치고, 자살의 직접적 원인은 낮은 정도의 통합(뒤르켐의 개념으로는 유기적 연대)이다. 종교가 자살률 차이의 직접적인 원인인 것처럼 보이는 것은 통합의 정도를 분석에 고려하지 않아서 참의 인과관계 사슬이 가려져 있었기 때문이다. 원래는 직접적인 관계가 없는 두 변수가 두 변수를 이어준(또는 매개한) 제3의 변수 때문에 관계가 있는 것처럼 보이는 것을 '매개변수에 의한 허

위관계'라고 한다.

교육과 소득의 인과관계를 표현할 때, "다른 모든 조건이 동일할 때"라고 한정한 것은 허위관계 여부에 대한 검증을 하겠다는 표현이다. 교육이 소득의 원인처럼 보이지만, 실제로는 교육보다는 부모의 직업이 자녀의 소득에 미치는 영향이 결정적일 수도 있다.

이때 부모의 직업이 같은 집단만 조사를 했더니, 즉 "부모의 직업이 같다는 조건이 동일할 때", 여전히 교육수준이 소득에 영향을 미치는 것으로 관찰이 된다면 교육과 소득 사이에 인과관계가 있다는 가설을 수용할 수 있다. 반면 부모의 직업이 같을 때, 자녀의 교육수준과 상관없이 자녀의 소득이 유사한 것으로 관찰된다면 교육과 소득의 인과관계는 기각된다.

변수들 간의 관계에 대한 경험적 연구를 해보면 우리가 사회에 대해서 안다고 생각하는 것들, 사실이라고 생각하는 것들이 사실이 아닌 경우를 많이 찾아볼 수 있다. 예를 들어, 혼전 동거가 흔한 서구에서는 혼전 동거가 사실상 결혼에 대한 테스트가 될 수 있으므로, 동거를 통해 서로가 잘 맞는지 확인한 후에 결혼한 부부들은 동거하지 않고 결혼한 부부보다 결혼 안정성이 높을 것으로 예상할 수 있다. 그러나 베네트와 그의 동료들Bennett, Blanc and Bloom(1988)이 스웨덴 여성들을 상대로 행한 연구에 따르면 혼전 동거를 한 후에 결혼한 여성이 그렇지 않은 여성들보다 무려 80퍼센트나 높은 이혼율을 보였다. 또한 동거 기간이 3년 이상인 사람들은 그보다 짧은 사람보다 이혼할 확률이 50퍼센트 이상 높았다.

그 이유는 혼전 동거를 하는 사람들은 결혼제도에 대해 진보적 태도를 가지고 있을 확률이 높고 혼전 동거를 하지 않는 사람들은 결혼에 대해 보수적인 태도를 가지고 있을 가능성이 높으므로, 혼전 동거 경험 여부와 관계없이 결혼에 대한 태도가 이혼에 더 직접적인 원인으로 작용하기 때문이다. 이를 인과관계의 도식으로 표현하면 다음과 같다.

이처럼 사회학은 겉으로는 인과관계처럼 보이는 변수들이 정말로 참인 관계인지 거짓 관계인지, 아니면 다른 변수들이 개입한 더 복잡한 관계인지를 규명하기 위해 많은 노력을 기울인다.

12일

오늘의 키워드

데이터 수집 1

사회학자들은 사회를 어떻게 연구할까?

관찰과 설문조사

#관찰 #설문조사 #조작화 #폐쇄형 #개방형

변수 간의 관계는 경험적 데이터에 의해 검증되어야 한다. 관찰은 가장 기본적인 경험적 조사기법이다. 원칙적으로는 볼 수 있는 눈만 있으면 누구나 관찰이 가능하다. 그런데 무턱대고 보기만 해서는 아무것도 관찰할 수 없다. 수업시간에 학생들에게 이런 질문을 던진다고 상상해보자. "지난주 수업시간에 제가 무슨 옷을 입고 왔나요?" 불과 일주일 전의 일을 기억력이 최고조에 달한 시기의 20대 대학생들에게 묻는다. 수십 명의 학생들이 무려 3시간 동안 초롱초롱한 눈으로 나의 일거수일투족을 '관찰'하고 있었음에도 불구하고, 불과 일주일이 지난 뒤에 당시의 옷차림을 기술해내는 학생은 거의 없다.

일주일 뒤에 나의 옷차림에 대해 질문하겠다고 예고를 한다면 학생들은 어떻게 반응하고 행동할까? 어떤 학생들은 나의 차림새를 자세히 기록할 것이고, 그림을 잘 그리는 학생이라면 그림을 그려둘지도 모른다. 지금은 대부분의 학생들이 스마트폰을 가지고 있으므로 아마 사진을 찍어두는 학생들이 다수일 것 같다. 객관적이고 과학적인 관찰은 자신이 관찰해야 할 것이 무엇인지 알고 있어야 비로소 가능해진다.

따라서 관찰의 첫 단계는 관찰자가 관찰해야 할 내용을 확정하는 것이다. 그리고 본격적인 관찰을 하게 될 때는 훈련된 방법과 적절한 관찰 보조도구들을 활용하여 관찰을 한다. 기억에만 의존하면 조금만 시간이 지나도 정확한 기억을 되살리기 어려워진다. 모든 관찰 상황을 사진으로 남기는 것도 어렵다. 특히 사생활 보호, 개인정보 보호가 민감한 사회적 이슈로 등장하게 된 까닭에 사진을 찍는 것은 몹시 조심스러운 일이 되었다. 이런 이유로 아날로그적인 기록은 여전히 관찰의 가장 중요한 보조수단으로 여겨지고 있다.

부부 사이의 다툼을 관찰한다고 가정해보자. 서로 다투고 있는 부부 옆에서 무조건 많이 관찰하고 많은 기록을 남기겠다는 마음으로 지켜보고 있다면 객관적인 관찰로 이어지기 어렵다. 만약 사전에 확정된 관찰 목록을 가지고 있으면, 언제 어디에서라도 다툼이 발생하는 것을 보게 될 경우 어느 정도 객관적인 관찰이 가능해진다. 그 관찰 목록에 예를 들어 욕설, 고성으로 소리 지름, 삿대질, 비하하는 어휘 사용, 밀치기, 주먹질, 울기, 자리 피하기 등이 리스트로 작성되어 있어서 각 목록 옆에 남성과 여성의 행위에 대한 빈도를 체크만 하게 되어 있다면 훨씬 정확하고 체계적이며 다른 부부들의 다툼과도 비교가 가능한 관찰이 가능해진다(헤네카, 2016:245).

인간의 행동은 언어적 행동, 언어외적 행동, 비언어적 행동 등 매우 다양한 차원들로 구성된다. 동일한 행동도 어떤 공간에서 어떤 시간에 어떤 사람과의 관계에서 발생했는지에 따라 의미가 달라질 수 있다. 따라서 관찰해야 할 행동들을 확정해 목록을 만들고, 관찰 대상의 행동 외에도 동시에 관찰해야 할 내용들을 분명히 해두는 것이 중요하다.

관찰이 가장 기본적인 사회학적 조사방법이라면, 설문조사는 가장 대표적인 조사방법이다. 우리는 천문학자를 떠올릴 때 그와 함께 망원경을 대표적인 도구로 연상한다. 전파망원경을 써서 수억 광년 떨어진 천체를 연구하는 현대 천문학이 그런 '원시적인' 도구를 거의 쓰지 않더라도 말이다. 화학자와 함께 비커나 플라스크를 떠올리고, 미생물학자 앞에는 현미경이 놓여 있는 장면이 그려진다. 사회학을 조금이라도 안다면 설문지를 들고 있는 사회학자가 눈앞에 어른거릴 것이다.

집단의 태도나 행동을 분석하고자 할 때 설문조사는 빈번하게

설문조사

관찰이 가장 기본적인 사회학적 조사방법이라면,
설문조사는 가장 대표적인 조사방법이다.

활용된다. 다수에게 질문을 하고, 그 결과를 양적인 방법으로 분석해 집단의 특징을 이해하는 데 설문조사보다 더 좋은 방법은 없다. 언론에 자주 보도되는 여론조사도 설문조사의 하나로, 다수에게 질문을 하여 특정 현안이나 이슈에 대해 응답자들이 어떤 평균적인 특징을 보이는지, 어떤 태도의 변이를 보이는지 등을 분석한다. 설문조사는 그 결과가 통계적으로 분석될 수 있기 때문에 '양적조사'라고 한다. 관찰은 한 사람의 연구자가 조사할 수 있는 피관찰자의 수에 제한이 있지만, 설문조사는 많은 사람에게 동일한 질문을 해서 얻은 결과로 일반화가 가능하다는 장점이 있다.

설문조사는 설문 문항이 조사자가 알아내고자 하는 것을 묻고 있는지, 응답이 응답자의 태도를 포착해내는지를 끊임없이 검증해야 한다. 이와 관련된 문제들이 흔하게 발생하기 때문이다. 가장 단순한 예를 들어보자면, "귀하의 나이가 몇 살입니까?"라는 설문 문항은 겉보기에 큰 문제가 없어 보이지만 사실은 설문 문항으로 부적절하다.

우리나라 사람들은 한 시점에 많게는 3개의 나이를 가지고 있을 수 있다. 한국 나이, 생일이 지나서 먹는 만 나이, 해가 바뀌면서 한 살 더 먹게 되는 만 나이, 이렇게 3개다. 2002년 3월 1일생에게 2022년 2월 1일에 앞의 질문을 했다면 첫 번째 기준으로는 21세, 두 번째 기준으로는 19세, 세 번째 기준으로는 20세다. 한두 살 차이는 별문제 없어 보일지도 모르겠지만, 연구자가 연령에 대한 응답을 기준으로 10대, 20대, 30대 등으로 재분류하게 되면 같은 날 태어났더라도 계산 방식에 따라 어떤 응답자는 10대, 어떤 응답자는 20대로 분류될 수 있다. 따라서 "귀하의 생년월일을 기입해주십시오"라고 질문을 제시하는 것이 더 정확한 답을 얻을 수 있다. 연구자가 동일한 기준을 적용해서 연령을 직접 계산하면 되기 때문이다.

다른 사례로, 동성애에 대한 태도를 조사한다고 가정해보자. "귀하의 중학생 딸의 피아노 선생님이 동성애자라는 사실을 알게 됐다면 어떻게 하시겠습니까?"라는 질문을 바로 제시할 때와, 이 질문에 대중에게 존경과 사랑을 받고 있는 유명한 피아니스트의 이름이 언급된 정보를 포함시켰을 때 응답 패턴은 크게 달라진다. 어떤 사람들은 정보 한 조각을 접하고 자신의 태도를 손쉽게 바꾸어버리기도 하기 때문이다. 전혀 새롭지 않은 정보 한 조각이 주어졌을 때 자신의 생각과 응답을 바꾸어버린다는 것은, 애초에 자신이 어떤 태도를 가지고 있는지 확실히 모른다는 것을 의미한다. 이것이 설문조사의 가장 큰 어려움이다. 이처럼 설문조사는 응답자 자신도 자신에 대해 모르는 것을 측정해야 할 경우가 많다(조주은, 박한경, 2014:155-159). 여기에서는 사회학이 이 어려움과 단점을 알고 있고, 따라서 설문조사를 더 객관적이고 과학적인 도구로 발전시키기 위해 노력하고 있다는 정도만 이야기해두겠다.

정확한 설문조사를 위한 노력 중 하나가 질문의 '조작화operational-ization' 또는 '조작적 정의'다. 어떤 변수들은 측정이 쉽지 않다. 성이나 연령은 정확한 측정이 가능한 편이지만, '신앙심' 같은 변수는 응답자마다 주관적으로 이해해서 대답할 수 있다. 이런 변수를 보다 정확히 대답할 수 있도록 질문을 조정하는 것을 질문의 조작화라고 한다. 신앙심이 어느 정도인지 묻고 상, 중, 하 중에서 선택하게 하는 것보다는, 종교행사에 참석하는 빈도, 종교기관에 내는 헌금이나 시주 등의 기부금, 기도의 횟수 등을 묻는다면 상대적으로 객관적인 응답을 도출해낼 수 있다. 응답자가 보수적인지 진보적인지를 직접 묻는 것보다, 신뢰하는 신문, 지지하는 정당, 낙태에 대한 태도 등을 질문하는 것도 바로 조작화의 과정이다.

설문조사는 응답 선택지를 어떻게 구성하느냐에 따라 '폐쇄형 설문'과 '개방형 설문'으로 나눌 수 있다. "귀하의 성별은 무엇입니까?"에 대해 (1) 여성, (2) 남성 중 하나를 선택하게 한다면 폐쇄형 설문이다. 선택지를 주지 않고 괄호만 제공한 후 직접 기입하게 한다면 개방형 설문이다. 섹슈얼리티와 젠더가 중요한 이슈로 등장하게 된 현대 사회에서는 성을 여성과 남성의 생물학적 성으로만 규정하는 것에 불편을 느끼는 응답자들이 있다. 개방형 설문은 폐쇄형 설문이 고려하지 못한 다양한 답을 측정할 수 있기에 조사가 풍부해진다. 그러나 성별처럼 간단한 질문이 아닌 응답자의 의견을 묻는 질문을 개방형으로 하면 응답률이 현저히 떨어진다는 단점이 있다.

표본의 대표성 문제도 설문조사와 관련된 주된 이슈 중 하나다. 앞서 설명했듯이 설문조사는 주로 양적조사인데,* 분석하고자 하는 집단 전체에 대한 조사인 전수조사는 현실적으로 어려우므로 집단의 일부만을 선택해 표집한 표본에 대한 조사로 진행되는 경우가 대부분이다. 이때 표본은 전체인 모집단의 특징을 그대로 지니는 대표적인 표본이 되어야 하는데, 이런 표본을 표집하는 것이 매우 어렵다는 점에 문제가 있다. 조사자의 편견이 개입하지 않은 표본을 구성하는 것이 성공적인 설문조사의 첫 걸음이다.

* 모든 설문조사가 양적조사인 것은 아니다. 예컨대 심층면접은 설문조사이면서 질적조사다.

13일

오늘의 키워드
데이터 수집 2

사회도 실험의 대상이 될 수 있을까?

실험과 이차분석

#실험 #자극 #독립변수 #종속변수 #실험집단 #통제집단 #이차분석

실험은 자연과학의 대표적인 방법이지만 사회학도 실험을 적극적으로 활용한다. 실험 대상이 자신의 자유의지를 가지고 있는 인간이라는 점이 자연과학과 크게 다르지만 말이다. 실험실에서 하는 실험도 물론 있으나, 사회학에서 실험이라고 하면 대체로 실험 대상자들에게 인위적인 자극을 가해 그 자극의 효과를 관찰하는 과정을 일컫는다.

예를 들어, 미디어가 편견에 변화를 가져오는지를 이해하기 위해 선정된 집단에게 인권문제를 다루는 영화를 보여준 후 영화의 주제와 관련된 태도가 영화를 보기 전과 본 후에 차이가 있는지를 조사하는 것이 실험에 해당한다. 이때 영화가 자극, 즉 독립변수이고 영화관람 후 태도가 변화했는지 여부가 자극의 효과, 즉 종속변수다. 실험의 주요 목적은 자극의 효과, 독립변수가 종속변수에 미치는 영향을 분석하고자 하는 것이다.

종속변수에 대한 독립변수의 영향력을 분석하기 위해서는 자극을 가하기 전에 피험자들을 대상으로 사전측정을 하고, 자극이 가해진 후에 사후측정을 해서 그 편차를 계산하는 방식을 주로 취한다. 그런데 자극의 결과 사후측정값에 큰 변화가 있더라도 그 변화가 순수한 자극의 효과인지 판별하기 어려울 때가 있다.

다시, 미디어에의 노출이 편견 태도에 영향을 미치는지 여부의 사례로 되돌아가보자. 독립변수(미디어 노출)와 종속변수(태도의 변화 여부)가 확정되었고, 피험자 집단, 즉 실험집단에게 영화를 보여주기 1주일 전에 1차 측정(사전측정)을, 영화를 보고 1주일 후에 2차 측정(사후측정)을 했다고 치자. 측정 결과 2차가 1차에 비해 편견 태도에 큰 개선을 보였다.

그런데 실험집단이 영화를 관람한 시기 전후로 넬슨 만델라, 투투 주교, 버락 오바마, 무하마드 알리, 하인즈 워드 등이 대거 한국을 방문했다고 가정하자. 이분들은 전 세계인에게 존경 또는 사랑을 받는 사람들이거나, 자기 분야에서 큰 성취를 이룬 사람들이다. 또 하나의 특징은 모두 흑인이라는 점이다. 실험의 사후측정에서 자극의 긍정적인 효과가 측정되었지만, 이 변화가 순수한 자극의 효과인지, 아니면 실험과 관계없이 외부에서 발생한 우연한 사건, 이 경우 위대한 흑인들이 대거 방한한 효과인지 판별하기 어렵다. 인권에 대한 태도의 개선은 긍정적인 결과이지만 실험과 측정의 관점에서는 데이터의 파괴 또는 오염이라고도 볼 수 있다. 이를 방지하기 위해서는 실험 대상인 실험집단 외에 '통제집단'이 필요하다.

통제집단은 실험집단과 동일한 특성을 갖는 사람들로 구성되어야 한다. 성이나 연령 등 중요한 몇 가지 표지에서 두 집단은 매우 유사해야 의미 있는 통제집단이 된다. 두 집단 모두에게 사전측정과 사후측정을 실시하지만, 자극은 실험집단에게만 가해진다. 실험이 종료되었을 때, 위대한 흑인들의 방한의 영향으로 두 집단 모두에서 인권에 대한 태도가 개선되었다 하더라도, 자극을 받은(인권 영화를 본) 실험집단에서의 변동 폭이 더 크다면 통제집단의 사후측정값과의 편차가 자극의 효과로 판별될 수 있다.

따라서 사회학적 실험이 의미 있는 결과를 생산하기 위해서는 독립변수/종속변수, 사전측정/사후측정, 실험집단/통제집단의 3대 요소가 갖추어져야 한다. 실험은 인과관계의 확정을 위해서는 유용한 절차이지만, 실험의 상황이 보통은 인위적으로 조성된 환경이므로 실제 사회에 바로 적용하는 것이 어려울 때가 많다. 현실적인 사회적 관계와 맥락에 대해 일반화된 진술을 하기 어렵다는 말이다.

관찰, 설문조사, 실험은 모두 연구자가 자신의 연구에 필요한 데이터를 직접 생성하는 방법이다. 그런데 이런 조사가 항상 가능한 것도, 항상 바람직한 것도 아니다. 가장 큰 문제는 현실적인 비용 문제다. 사람을 대상으로 하는 연구는 갈수록 제약이 많아지고 비용도 급격히 치솟고 있다(가장 단순해 보이는 전화 설문조사를 하는 경우에도 응답자 1인의 데이터를 생성하는 데 평균 1만 원 이상 소요되었던 것이 벌써 몇 년 전의 일이다. 조사원이 전화로 한 사람의 응답을 녹취하기 위해 몇 명의 잠재적 응답자에게 전화를 시도해야 하는지 상상해보면 높은 비용이 이해가 될 것이다). 그리고 훈련된 사회학자라 할지라도 간헐적으로 하는 직접 조사에는 아마추어일 수밖에 없다.

예를 들어 국책연구소가 3년마다 하는 대규모 사회조사에 내가 원하는 변수들이 포함되어 있다고 생각해보자. 가족사회학을 전공하는 사회학자라면 보건사회연구원이 정기적으로 실시하는 '출산력 조사'에 자신이 분석하고자 하는 변수들이 포함되어 있을 가능성이 높다. 이런 조사는 정부가 막대한 비용을 들여 하는 조사로, 개인 연구자들이 하기에는 불가능에 가깝다. 그리고 수십 년 동안 조사를 반복해오는 과정에서 시행착오를 바로잡으며 양질의 데이터를 생산하는 노하우가 쌓여 있다. 개인 연구자들은 자신이 연구하고자 하는 변수들이 포함되어 있다면 무료 혹은 경제적인 비용으로 양질의 데이터를 구매해 분석할 수 있다. 연구자의 연구와는 다른 목적

KOSIS 국가통계포털

통계청의 'KOSIS 국가통계포털'은 우리 사회에 대한 유용하고 질 좋은 자료들을 찾을 수 있는 보물창고와 같은 곳이다.

으로 생성된 자료이지만 자신의 연구에 맞는 변수와 데이터를 분석해 진행하는 이러한 조사를 '이차분석'이라고 한다.

이차자료는 가장 손쉽게 접근해 분석할 수 있는 사회학적 데이터일 것이다. 통계청의 'KOSIS 국가통계포털'은 우리 사회에 대한 유용하고 질 좋은 자료들을 찾을 수 있는 보물창고와 같은 곳이다. 아카이브 조사도 이차분석에 포함된다. 탐구하고자 하는 주제와 관련된 기록, 문서, 논문, 서적 등을 도서관, 기록보관소, 인터넷 등에서 검색해 연구 자료로 삼는 것이다. 이것 역시 광범위하게 활용할 수 있는 조사 방법이다.

그러나 이차자료는 자료를 생성한 연구의 목적과 그 자료를 활용하고자 하는 연구자의 목적이 일치하지 않을 수 있으므로, 연구자가 원하는 변수와 원하는 케이스가 항상 있는 것은 아니라는 점이 큰 단점이다.

14일

오늘의 키워드
문화 1

우리 사회에서 문화란 무엇일까?

문화와 사회

#문화 #자연 #경작 #타문화 #문화충격

문화가 무엇인지 이해하려면 그 어원을 살펴보는 것이 도움이 된다. 문화에 해당하는 영어 단어는 'culture'다. 이 단어가 동사로 쓰일 때는 '경작하다' '배양하다'는 의미를 갖는다. 즉 'cultivate'와 유사한 의미를 지니며, culture와 cultivate는 동일한 어원에서 파생했다. 척박한 땅에 농사를 지어 풍성한 수확을 하듯이, 우리의 마음과 태도에 농사를 짓는 것이 culture, 즉 문화라고 어원을 해석하기도 한다. 어쨌든 대지에 인간의 노동을 가한 결과가 culture, 즉 문화다.

그렇다면 문화의 반대는 무엇일까? 인간의 노동을 가하지 않은 상태의 토지가 문화의 사회학적 반의어다. '자연'이 문화의 반대인 것이다. 일상적으로는 '야만'을 문화의 반대로 이해하기도 한다. 그렇다면 인간의 손길이 닿은 모든 것은 문화가 된다. 농촌의 드넓은 논밭은 아름다운 자연이 아니라 인간의 피땀이 만들어놓은 대표적인 문화다. '경작하다'는 동사가 문화의 어원임을 다시 한번 상기시킨다. 길을 걷다 보면 가로수들이 보인다. 봄에는 꽃을 피우고, 여름에는 짙은 녹색의 잎으로 성장했다가 가을에는 단풍으로 붉게 또는 노랗게 물든 화려한 잎사귀들을 떨어뜨리며 자연의 변화를 보여준다. 하지만 이 나무들은 자연이 아니라 문화의 일부다. 인간이 의도를 가지고 조경한 결과이기 때문이다.

문화에 대한 정의는 다양하다(Monaghan and Just, 2000). 영국의 인류학자 에드워드 타일러Edward Tylor는 '사회의 구성원인 인간에 의해 습득된 지식, 신념, 예술, 도덕, 법률, 관습, 그 밖의 모든 능력과 습관'을 문화로 정의했다. 미국의 인류학자 프란츠 보아스Franz Boas는 문화가 '한 공동체의 사회적 행위의 모든 표현, 소속된 사회의 습관의 영향을 받은 개인들의 반응, 그리고 이런 습관에 의해 결정되는 인간 행동의 산물'을 포함하는 것으로 설명했다.

폴란드 출신의 영국 문화인류학자 브로니슬라브 말리노프스키Bronislaw Malinowski에게 문화는 '소비재, 다양한 사회적 집단의 법률적 헌장, 인간의 사상과 기술과 신념과 습관 등으로 구성된 통합적 전체'다. 프랑스의 인류학자 클로드 레비-스트로스Claude Levi-Strauss는 문

자문화에 비추어진 타문화의 비자연성, 비정상성, 비일상성이
우리에게 큰 충격을 주는 경우를 '문화충격(culture shock)'이라고 한다.

화를 '유전학적인 것도 합리적인 사고의 결과도 아닌 것으로서, (의도적으로) 발명되지 않았고, 그 기능이 그것을 준수하는 사람들에게 이해되지 않는 것'으로 보았다. 미국의 인류학자 워드 굿이너프Ward Goodenough는 문화가 '현상을 결정하는 기준, 무엇이 가능한지를 결정하는 기준, 개인이 어떻게 느끼는지를 결정하는 기준, 무엇을 해야 할지를 결정하는 기준, 어떻게 해야 할지를 결정하는 기준'을 구성하는 것이라고 보았다.

미국의 문화인류학자 마거릿 미드Margaret Mead는 '인류에 의해서 발전되고 각 세대에 의해 지속적으로 학습되는 전통적 행위의 복합적 총체'로 문화를 규정하며, 문화는 한 사회의 특징, 사회의 한 집단의 특징, 한 인종의 특징, 한 지역의 특징, 또는 한 시대의 특징이 되는 전통적 행위의 형태들을 뜻할 수 있으므로 정확성이 떨어지는 개념으로 보았다. 아담 쿠퍼Adam Kuper는 문화가 '학습되고, 적응 가능하고, 상징적인 행위로서, 본격적인 언어에 바탕을 두고 기술적 발명과 연관 있으며, 공동체 사이의 교류를 조직할 수 있는 능력에 의해 더욱 발전할 수 있는 기술의 복합체를 포함하는 것'으로 정의한다.

위의 다양한 정의들을 정리하면, 문화는 오직 인간만 향유하는 것으로서, 세대에서 세대로 전해지는 언어, 신념, 가치, 규범, 행위의 총체라고 정의해볼 수 있다. 이 정의에는 몇 가지 중요한 문화의 특징이 담겨 있다. 첫째, 문화는 상징을 사용하고 그것을 매개로 소통할 수 있는 인간만의 고유한 능력에 의존한다. 둘째, 문화는 학습되는 것이다. 셋째, 문화는 세대를 뛰어넘어 전승되고 지속되는 것이다. 넷째, 사회에 따라 문화가 다르므로 문화는 다양한 형태로 존재한다.

문화는 무엇이 자연스럽고, 무엇이 정상적이고, 무엇이 일상적인지를 판단하는 기준을 제공해준다. 문화가 있기 때문에 우리는 식사를 할 때 손으로 먹어야 할지 그릇을 들고 먹어야 할지, 포크를 사용해야 할지 젓가락을 써야 할지, 소금을 넣을지 설탕을 넣을지 등을 그때그때 고민하지 않고 바로바로 행동한다. 문화가 일종의 소프트웨어처럼 우리 안에 내재되어 있어서 시시각각 변하는 사회적 상황에서도 그 상황에 적절하게 행동하도록 우리에게 지시한다. 그래서 사회를 하드웨어에, 문화를 소프트웨어에 비유하기도 한다.

문화는 사회에 따라 다른데 우리는 대개 우리 사회의 문화에만 익숙해져 있으므로 보통은 '우리 안에 있는 문화culture within us'를 통해 다른 문화를 보고 즉각적으로 그것이 자연스럽지 않고, 비정상적이고, 일상적이지 않다는 것을 판단한다. 자문화에 비추어진 타문화의 비자연성, 비정상성, 비일상성이 우리에게 큰 충격을 주는 경우를 '문화충격culture shock'이라고 한다.

오늘의 키워드

문화 2

다른 문화를 안다는 것과 이해한다는 것

문화상대주의

#문화상대주의 #자문화중심주의 #음식 #인도 #마빈_해리스

현대 사회는 세계화와 정보화의 결과 타문화에 대한 지식과 이해가 확산되어 있고, 다른 문화 지역을 여행할 때도 대개 사전에 정보를 입수하고 준비하는 편이라 문화충격을 경험할 가능성은 현저히 줄었다. 그러나 정보를 가지고 있는 것과 그 문화를 이해하는 것은 별개의 문제다. 이와 관련해 생각해볼 중요한 주제가 '문화상대주의'다.

이 개념과 대척점에 있는 개념은 '자문화중심주의(또는 민족중심주의)'인데, 자문화중심주의는 자신의 문화를 기준으로 해서 다른 문화를 판단하고 평가하는 태도를 말한다. 자문화중심주의는 자기 문

인도의 소

인도의 대도시 사진들을 보면 거리를 어슬렁거리는 소들을 쉽게 볼 수 있다.
이 소 떼들은 대도시의 당국자들에게도 골칫덩어리다.

화에 대한 높은 자부심을 갖게 하고 그 결과 집단의 결속력을 공고히 하는 기능을 수행한다. 그러나 다른 문화에 대해 편견을 형성하고 차별을 야기하게 될 가능성도 높다.

문화상대주의는 자문화중심주의에 비해 보다 객관적이고 사회학적인 태도라고 할 수 있다. 문화상대주의는 다른 문화를 그 문화의 맥락에서 이해하도록 장려하며 그 과정에서 자신의 문화 관점에서 볼 때는 이해되지 않았던 타문화의 현상들을 이해하도록 해준다는 점에서 사회학적 상상력과 일맥상통한다.

문화상대주의 관점의 유용성을 한 예를 중심으로 더 살펴보자. 음식은 한 사회의 문화를 잘 보여주는 사례다(Goody, 1998). 우리가 좋아하는 그 맛있는 소고기를 먹지 않는 사회가 있다. 바로 인도다. 소고기가 없어서 안 먹는 것이 아니고, 소가 너무 많아서 문제를 일으킬 정도임에도 불구하고 소고기를 먹지 않는다. 인도 사람들은 왜 소고기를 먹지 않는 걸까? 사실 모든 인도 사람이 소고기를 안 먹는 건 아니다. 소고기를 먹지 않는 관습은 힌두교의 계율 때문이므로 힌두교도들이 소고기를 먹지 않는 것인데, 힌두교도가 인도 인구의 절대다수인 80퍼센트 정도를 차지하니 마치 인도 사람은 소고기를 먹지 않는 것으로 알려져 있다.

인도의 대도시 사진들을 보면 거리를 어슬렁거리는 소들을 쉽게 볼 수 있다. 이 소 떼들은 대도시의 당국자들에게도 골칫덩어리다.

교통체증을 유발하고, 배설물 때문에 생활환경의 오염과 보건문제, 위생문제 등이 발생한다. 게다가 소가 방귀로 배출하는 메탄가스가 지구온난화를 가속화한다는 연구도 있다. 또 하나 우리를 가슴 아프게 만드는 것은 유유자적 돌아다니는 소 떼들 사이에 한눈에 봐도 굶주림에 시달리는 것으로 보이는 사람들이 사진들 속에 많다는 것이다.

만약 그 많은 소들을 잡아서 먹는다면 이런 문제들이 한꺼번에 해결될 것이다. 특히 굶주리는 많은 사람들에게 큰 도움이 될 것이다. 일상적으로 배고픈 사람들이 그렇게 많은데도 한갓 짐승인 소를 신성시하며 잡아먹지 않는다니. 인도 사람들이 비합리적이어서 그럴까? 인도는 결코 비합리적인 사회가 아니다. 인도가 없었다면 수학을 비롯한 오늘날의 과학이 이토록 발전하지 못했을지 모른다. 인도는 인공위성 개발, 핵무기 독자적 개발 등을 이룩한 과학기술 선진국이다. 실패하긴 했지만, 2019년 달 탐사를 위해 무인 착륙선의 월면 착륙 시도도 했었다. 인도의 IT 기술자들이 없다면 세계의 IT 산업이 어려움을 겪을 것이고, 인도 출신의 의사들이 없다면 유럽과 미국의 많은 병원들이 문을 닫게 될 것이다.

MBC 에브리원 예능 프로그램 〈어서와 한국은 처음이지〉에서 봤듯이 인도 중산층의 생활수준은 매우 높다. 인도 인구 상위 10퍼센트 부유층의 평균소득은 영국 전체의 평균소득보다 높은데, 그렇다면 우리나라 평균보다 훨씬 높은 소득을 누리는 인도인들의 수는 우리 인구의 거의 두 배 반에 달하는 1억 3,000만 명이나 된다. 이런 나라에서 소를 신성시하며 먹지 않는 것은 우리 입장에서는 이해가 되지 않는다. 굶주리는 사람들보다 소가 더 중요한 걸까?

그런데 인도인의 관점에서 보면 소고기를 먹지 않는 문화가 충분히 이해될 수 있다. 미국의 인류학자 마빈 해리스Marvin Harris(1927~2001)는 인도인들이 소를 먹지 않는 이유를 인도 사회의 맥락에서 설명했는데, 요지는 소를 먹지 않는 것이 먹는 것보다 인도 사회에 더 큰 혜택을 더 많은 사람들에게 더 오랜 기간 준다는 것이다. 소를 잡아먹으면 교통문제, 환경문제, 보건문제, 기아문제 등이 해결될 것이라고 앞에서 이야기했는데, 오히려 먹지 않는 게 더 큰 혜택을 준다니?

일단 소고기를 먹었을 때의 혜택은 단기적이라는 사실을 이야기할 필요가 있다. 인도 사람들이 소고기 맛을 알게 되면 아마 거리의 소들은 급속히 사라질 것이고, 소고기 가격은 상승할 것이다. 소의 개체수가 많을 때는 가난한 사람들도 값싸게 소고기를 소비할 수 있겠지만, 시장 수요가 증가하면 가격이 상승해서 결국 부자들만 비싼 소고기를 먹게 될 것이다. 가난한 사람의 영양문제는 장기적으로 해결되지 않는다는 이야기다.

그러면 소를 먹지 않을 때의 혜택을 하나씩 생각해보자. 먼저, 소를 먹지 않고 살려두면 소들이 풍부한 노동력을 제공해준다. 아니,

신성시하는 소를 부려먹다니, 이건 신성모독 아닌가? 미국의 대학에서 연구조교를 하며 공부하는 인도 출신 대학원생으로부터 이런 푸념을 들은 적이 있다. "미국의 대학원생과 인도의 소는 같은 처지인 것 같아. 둘 다 죽이지만 않을 뿐, 죽기 직전까지 부려먹거든." 신성시한다는 것이 신처럼 떠받드는 것만을 의미하지는 않는 것 같다. 소는 무거운 쟁기를 끌면서 사람이 일을 하는 것보다 훨씬 높은 농업생산성을 내준다. 인도의 소들은 종교적 이유로 죽임을 당하지만 않을 뿐 살아있는 동안 인간을 위해 열심히 노동을 제공한다. 소고기 맛을 알게 되면 소가 급감해서 소가 하던 일들을 사람이 더 힘겹게 해야 될지도 모른다.

인도뿐만 아니라 전통적인 노동집약적 농경사회에서는 소고기의 소비가 강하게 억제되었다. 마음대로 도축하면 농업생산성에 큰 영향을 미칠 수 있기 때문이다. 따라서 소고기를 먹는 문화가 발전하지 않는다. 벼농사 지역인 한국이나 일본 사회에서 전통적인 소고기 요리라고 여겨지는 음식들은 사실 그 역사가 100년 안팎에 불과한, 창조된 전통이라는 사실은 이런 맥락에서 이해가 된다.

둘째, 소를 살려두면 식량이 제공된다. 인도에서는 소고기를 못 먹는데 소가 식량이 된다니? 인도 음식을 파는 가게에 가서 메뉴를 살펴보면 소가 중요한 식량을 제공한다는 사실이 눈에 보일 것이다. 가장 단순한 커리에서부터 치킨티카마살라, 빈달루, 사그파니르 등 대부분의 인도 요리에는 인도식으로 발효한 우유가 들어간다. 대표적인 인도의 바비큐 요리인 탄두리치킨도 이런 요구르트에 재운 후 굽는 것이고, 인도의 대표 음료인 라씨는 달콤새콤한 요구르트다. 우유가 없는 인도 요리는 상상도 할 수 없다. 고기를 먹지 않고 소를 살려둠으로써 훨씬 긴 기간 동안 훨씬 많은 사람들에게 우유를 제공할 수 있는 것이다.

셋째, 소는 연료를 제공한다. 소의 배설물을 짚과 섞어 다진 후 말려서 땔감으로 사용한다. 이 정도면 소를 먹지 않고 살려두면 얼마나 많은 혜택이 있는지 이해가 된다. 이뿐만이 아니다. 혹시 소가죽으로 된 지갑을 가지고 있다면 지갑 안쪽의 라벨에서 'Made in In-dia'를 발견할 확률이 높다. 죽이지 않아도 소는 언젠가 죽을 것이고 가죽을 남기게 된다. 개체수가 많으므로 인도에서의 가죽 생산량도 막대하다. 먹지 않고 살려둔 소는 인도의 가죽 산업을 지탱하고 있는 것이다.

게다가 인도의 소는 고기를 제공한다. 고기를 먹지 않는데 고기를 제공한다니. 혼란스러운 주장이다. 그런데 소가 죽으면 누군가 처리를 해야 한다. 손에 피를 묻히는 일은 힌두교에서 부정 타는 행위다. 따라서 이런 일은 종교적으로 가장 부정하다고 생각되는, 그래서 더 이상 부정해질 수 없는 최하층 달릿dalit들이 담당한다. 달릿은 평균적인 생활수준도 열악해서 아마 가장 굶주리는 집단일 것이다.* 그들이 소의 사체를 해체하면서 소고기를 먹기도 한다(Parikh and Miller, 2019). 상위 카스트는 종교적으로 부정 탈까 봐 소고기를 먹지 않지만, 최하층은 더 이상 부정 탈 것도 없기 때문이다. 결국 소고기는 가장 영양을 필요로 하는 최하층에게 돌아간다.

이 정도면 소고기를 먹는 것보다 소를 살려두는 것이 인도 사회에 더 큰 혜택을 준다는 것이 이해가 된다. 우리 문화의 관점에서 보면 그 맛있는 소고기를 먹지 않고 소로 인한 문제들에 시달리는 인도 사람들이 어리석어 보일지 모르지만, 인도문화의 관점에서 보면 이보다 더 합리적인 선택도 없어 보인다.

* 모든 달릿이 그렇지는 않다. 예를 들어 1997년부터 2002년까지 인도의 대통령을 지낸 나라야난(K. R. Narayanan)은 달릿 출신이다.

16일

오늘의 키워드

문화상대주의

서로 다른 문화를 어디까지 이해할 수 있을까?

문화상대주의의 한계

#개고기 #역겨운_문화 #영아살해 #전족 #할례

문화상대주의는 이해하지 못했던 것을 이해하게 해주고, 보지 못했던 것을 보게 해주어 우리의 관점을 넓혀주는 한편 편견을 해소해주는 강력한 인식적 도구다.

그러나 설명력이 지나치게 높다는 점이 오히려 문화상대주의의 한계점이 되기도 한다. 문화상대주의의 관점으로 다른 문화를 보면 이해되지 않는 문화가 없다. 우리를 거북하고 불편하게 만드는 문화적 요소들도 문화상대주의는 설명을 해내고 우리로 하여금 그 문화에 대한 편견을 버리도록 요구한다.

한국의 개고기 문화는 서구 사람들로부터 빈번하게 비판을 받는다. 문화상대주의는 이 역시 이해하게 해준다. 다시 한번 마빈 해리스의 논리를 적용해보자. 벼농사 지역에서는 소의 도축을 엄격하게 통제하므로 대중적인 소고기 문화가 발전하지 못한다. 돼지는 사육에 막대한 비용이 드는 반면 생산을 위한 노동을 제공하지 못하므로 역시 대중적으로 즐길 수 없다. 그런데 때때로 우리의 신체는 단백질 섭취를 요구한다. 이때 개고기는 훌륭한 단백질 공급원이 된다. 그래서 벼농사 지역인 한국, 베트남, 중국 등지에서는 개고기를 섭취하는 문화가 자리 잡았다. 이런 설명은 개고기 문화의 기원을 설명해줄 수는 있겠지만 개를 반려의 대상으로 여기는 현대 한국인들의 불편함을 해소시켜주지는 못한다.

문화상대주의는 사람들이 '역겨운 문화sick culture'라고 부르는 문화적 요소들도 설명해낸다. 영아살해가 대표적인 사례다. 태어난 직후에 아이를 살해하는 것은 잔혹한 일이다. 게다가 살해의 이유가 '쌍둥이는 불길하기 때문'이라면(Monaghan and Just, 2000) 이것은 이해의 대상이 아니라 계몽의 대상이어야 할 것 같다. 그런데 영아살해는 생산성이 매우 낮은 사회에서 발생한다. 토지생산성이 낮은 사회는 그 집단이 장악하고 있는 영역이 유지할 수 있는 인구의 적정 규모가 한정적이다. 기술 수준이 낮으므로 피임도 효과적으로 이루어지지 않는다. 토지생산성이 유지할 수 있는 적정 인구를 초과하는 아이가 태어날 때 바로 살해하는 것이 인구 유지를 위한(그 문화의 기술

수준에서는) 최선의 방법이기도 하고, 아이와 유대가 강화되기 전이므로 심리적 충격도 최소화할 수 있다.

그런데 살해되는 영아는 대부분 여자아이이다. 이것 역시 인구조절에 효과적이다. 한 세대에 남자아이가 1명 여자아이가 100명 생존했다면 그들이 출산을 시작할 때 이론적으로 매년 100명의 아이가 태어날 수 있지만, 100명의 남아와 한 명의 여아만 생존했을 경우는 매년 한 명 정도의 아이만 출산이 가능하기 때문이다. 따라서 생산성이 낮은 사회에서 때때로 영아를 살해하는 행위, 특히 여자아이를 살해하는 것은 그 집단 전체의 생존을 위한 불가결한 선택이며, 이해하고 존중해야 할 문화라는 논리도 성립한다. 그런데 무엇인가 불편하다.

문화가 여성을 대하는 몇 가지 사례를 더 살펴보자. 문화가 어떤 하부 집단을 소외시키거나 잔혹하게 대할 때 가장 큰 피해를 보는 집단 중 하나는 여성이다. 중국의 전족纏足은 20세기 초까지도 광범위하게 행해지던 풍습이었다. 어렸을 때부터 여자아이의 발을 천으로 묶어서 자리지 못하도록 했다. 그 결과 발가락이 꺾이거나 탈골이 되고, 발톱이 살을 파고들며 자라며, 통풍이 되지 않아 감염이 생겨서 불구가 되거나 평생을 말로 표현하기 어려운 극심한 고통 속에서 살아야 했다. 그럼에도 '연꽃 모양'의 작은 발이 여성의 아름다운 발이라는 (문화적) 이유로 용인되었을 뿐만 아니라 장려되기까지 했

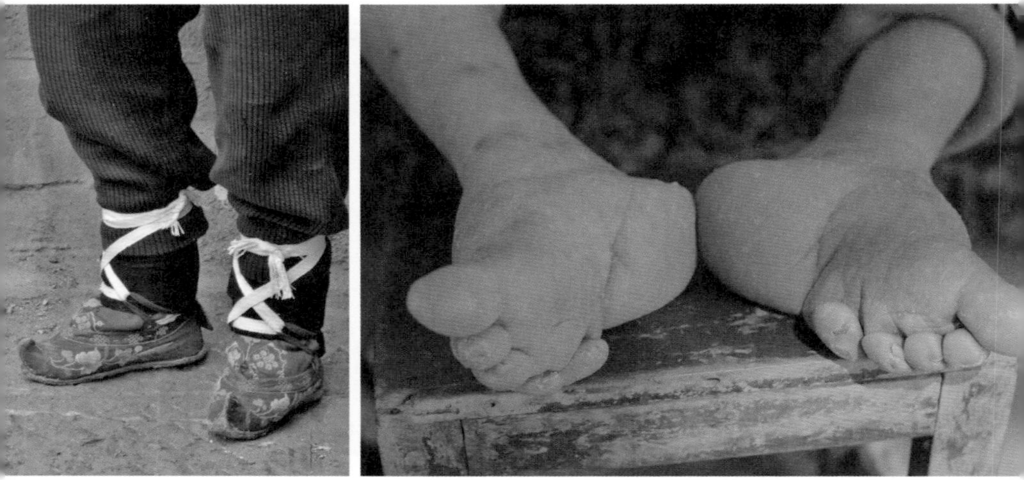

중국의 전족

중국의 전족(纏足)은 20세기 초까지도 광범위하게 행해지던 풍습이었다.
어렸을 때부터 여자아이의 발을 천으로 묶어서 자라지 못하도록 했다.

었다.

여성 할례Female Genital Mutilation, FGM는 아프리카, 중동, 동남아시아 지역에서 현재도 2억 명 이상의 여성이 겪는 문화적 행위다. 정도의 차이는 있지만 일반적으로 여성의 성기 일부를 칼로 도려내는 일이다. 상징적으로 칼집만 내는 정도에서부터 음순을 아예 제거해버리거나 봉합해버리는 경우까지 매우 다양한 형태가 있다. 종교적인 이유로 남성의 성기에 행하는 할례들도 있긴 하지만 대부분의 경우 영아기에 아직 통점이 발달하기 전 단계에 비교적 경미한 시술의 형태로 행해지고, 심리적인 트라우마로 기억되지도 않는다.

한국은 소위 보건상 목적으로 대규모로 남성에 대한 할례가 이루어지는 독특한 사회인데, 이는 위생적인 환경에서 멸균된 도구를 사용해 전문적 인력이 고통을 경감시키는 국소마취 상태에서 실행하고 대부분은 생활의 불편과 심리적 트라우마를 초래하지 않는다. 여성 할례는 여성에게 2차 성징이 나타난 이후에 불결한 환경에서 마을의 주술사가 비위생적인 도구를 사용해 여성의 성기에 큰 상처를 내는 경우가 많다. 이런 경우 여성은 과다 출혈로 목숨을 잃기도 하고 평생을 고통 속에서 살아가기도 한다. 여성 할례가 행해지는 대부분의 사회는 이것이 자신들의 전통적 관습으로서 문화상대주의에 의해 용인되고 존중되어야 할 것을 주장한다.

전족, 여성 할례, 여성 폭행 등은 모두 피해자가 큰 고통을 받는

잔혹한 풍습이지만 문화상대주의 관점은 이들 문화적 요소를 어느 정도는 설명해낼 수 있다. 가장 대표적인 논리는 사회의 평화와 질서 유지를 위한 사회적 기능이다. 인간 사회는 성性의 통제를 제도화한다는 공통된 특징이 있다. 사회는 인간의 성적 행동에 깊숙이 개입해 통제하는데, 사회마다 언제 누구와 어떤 방식으로 성적 행동을 교환할 수 있는지에 대한 복잡하고 정교한 제도가 있고, 이 제도는 사회에 따라 다르다. 따라서 인간의 성은 동물과 달리 자연적 상태에서 이루어지는 것이 아니라 각각의 사회가 정한 규범에 따라 통제되고 관리된다.

전족, 여성 할례, 여성 폭행은 각각 여성의 이동을 제한하고, 여성의 성에서 쾌감은 제거한 채 생식 기능만 남기고, 폭력을 행사하거나 또는 폭력의 공포를 이용해 여성을 남성의 통제 아래 두는 등 모두 각 사회에 고유한 방식으로 여성의 성적 행동을 수동화 및 최소화시켜 사회 전체의 질서를 유지하려는 제도로 볼 수 있다. 수백 년 동안 이어져온 전통이고 그런 전통은 현재 사회질서의 중요한 원천이다. 문화상대주의는 이런 이해를 가능하게 한다.

그런데 해당 문화 밖의 사람들에게는 그러한 문화적 요소들이 매우 불편하게 느껴진다. 성을 통제함으로써 사회의 질서를 유지하려는 문화들에서 적극적 통제의 대상은 항상 여성이다. 성의 통제는 여성에 대한 남성의 폭력이 가장 잘 드러나는 차원이다. 문화상대주의의 관점에서 우리는 이런 문화적 요소들을 인정하고 존중해야 하는 것일까? 인류학자를 포함한 대부분의 사회과학자들은 개입보다는 문화상대주의 맥락에서 그 문화를 존중할 것을 선택하는 경향이 강하다. 개입했을 때의 부작용이 각 문화가 스스로의 전개 과정에서 변동하도록 했을 때보다 더 많은 폐해를 낳을 가능성이 크기 때문이다.

미국의 로렌스 해리슨Lawrence E. Harrison(1965~1981)과 새뮤얼 헌팅턴Samuel Huntington(1927~2008)을 비롯한 문화를 연구하는 일군의 학자들은 문화상대주의를 기계적으로 적용하면 소위 '역겨운 문화'까지도 인정하고 존중해야 한다는 점에 대해 고민하면서 다음의 기준들을 제시했다(2001).

> 생명은 죽음보다 바람직하다.
> 건강은 질병보다 바람직하다.
> 교육은 무지보다 바람직하다.
> 자유는 노예 상태보다 바람직하다.
> 번영은 빈곤보다 바람직하다.
> 정의는 부정의보다 바람직하다.

이 기준들, 즉 생명, 건강, 교육, 자유, 번영, 정의는 모든 인간 사회에서 바람직하게 생각하는 '보편적인 가치'이므로 이러한 보편적 가치에 바탕을 둔 기준들을 적용해 이에 반하는 문화적 요인들에 대해서는 개입하는 것이 바람직하지 않겠느냐는 조심스러운 태도를 해리슨은 견지한다.

문화상대주의는 한계와 고민에도 불구하고 다른 문화를 대하고 이해할 때 매우 강한 설명력을 제공해주는 유용한 이론적, 방법론적 도구임에는 변함이 없다.

오늘의 키워드

사회화

우리는 어떻게 사회에 스며드는 것일까?

사회화와 재사회화

#사회화과정 #중요한_타자 #또래 #규범 #일반화된_타자 #재사회화

인간은 큰 두뇌와 높은 지능, 직립보행, 양손의 자유로운 사용과 같은 특징을 가지고 생물학적으로 태어난다. 그러나 태어난 직후부터 사회의 개입이 없다면 우리에게 익숙한 인간의 행동을 습득하기 힘들다. 이런저런 이유로 어려서부터 사회적 접촉을 차단당한 채 생존했다가 발견 또는 구출된 아이들은 언어능력, 인지능력, 감정표현 등에서 또래 아이들과 비교할 때 현저한 차이를 보인다.

'지니Genie'라는 아이는 폭력적인 아버지에 의해 집 안의 한 방에 감금되어서 완전히 고립된 상태로 생활하다가 13세이던 1970년에 로스앤젤레스 시당국에 의해 구출되었다. 구출되었을 당시 지니는 언어를 거의 사용할 줄 몰랐고, 감정 조절을 못했으며, 걷는 자세는 마치 토끼가 깡충 뛰는 것처럼 불안정했다.[•] 구출된 후에 사회적응을 위한 교육을 받았으나 자연스럽게 말하는 방법은 끝내 터득하지 못했다. 지니의 비극적인 사례는 '사회화'라는 과정이 인간의 형성에 얼마나 중요한 역할을 하는지 보여준다.

사회화는 문화라는 프로그램 또는 코드가 신체라는 하드웨어에 장착되는 과정이라고 비유할 수 있다. 예를 들어, 직립보행은 인간의 가장 큰 특징이지만 우리에게 익숙한 보행 자세는 생물학적 특성에 의해서만 형성되는 것은 아니다. 지니의 경우 두 발로 걷기는 하지만 걷는 자세가 일반적으로 기대하는 자세와는 매우 달랐다. 사회화 과정에서 배제되어 걷는 법을 학습하지 못했기 때문이다.

인간은 걸을 수 있는 생물학적 구조를 가지고 태어났으나, 걷는 방법이나 스타일은 문화에 의해 규정된다. 일례로 일본인의 걷는 방법은 메이지유신 이전까지는 현재의 방법과 달랐다고 한다(우치다, 2010). '일반적인' 보행은 발뒤꿈치가 지면에 먼저 닿고 발바닥의 앞부분이 뒤이어 땅을 밟는 방식으로 이루어진다. 그리고 앞으로 나가는 발과 반대편의 팔을 앞으로 내밀어 흔들며 걷는 것이 안정적인 보행법이라고 여겨진다. 그러나 에도시대의 일본인들은 발바닥을

• The Guardian, July 14, 2016. "Starved, tortured, forgotten: Genie, the feral child who left a mark on researchers."

지면을 스치듯 밀면서, 앞으로 내딛는 발과 같은 편의 팔을 앞으로 내밀며 걸었다고 한다. 메이지유신 후에 일본은 서양식 걸음걸이를 도입하기 위해 전국의 학교에서 조례를 행하며 신식 보행법을 아이들의 '어린 신체에 새겨 넣었다'고 한다(우치다, 2010:100-102).

인간의 경우 우리가 가장 본능적이라고, 생물학적이라고, 자연스럽다고 생각하는 행동들이 순수하게 생물학적으로만 결정되는 경우는 거의 없다. 생존에 필요한 가장 기본적인 생물학적 욕구들의 해소 역시 사회의 문화가 규정한다. 먹고 배설하는 원초적 행동도 그렇다. 배가 고플 때 먹고, 배가 차면 배설하는 것 같지만 사실은 문화가 규정한 시간에 문화가 규정한 방식으로 먹고 배설한다. 문화는 사회화 과정을 통해 우리 안에 들어와서 우리가 사회적 관계와 상호작용에서 적절하게 행동하도록 이끌어준다.

사회화는 아이가 태어난 직후부터 시작된다. 그리고 사회화에서 가장 중요한 요소는 '타자'와의 '상호작용'이다. 지니처럼 고립되었던 아이들이 나중에 사회에 합류한 후에도 언어습득과 사회적응에 어려움을 겪는 것은 영유아기에 타자와 강도 높은 상호작용을 경험하지 못했기 때문이다.

미국의 사회학자 조지 허버트 미드George Herbert Mead(1863~1931)의 자아 형성에 대한 이론은 가장 대표적인 사회화 이론으로서 상호작용의 대상인 타자의 중요성을 잘 설명해준다. 이 이론에 의하면 영아

사회화는 아이가 태어난 직후부터 시작된다.
그리고 사회화에서 가장 중요한 요소는 '타자'와의 '상호작용'이다.

기에 아이들은 부모와 가족들의 행동과 언어를 모방하는 방식의 상호작용을 주로 한다. 가족의 누군가가(주로 엄마) 늘 아이 곁에 있으면서 아이에게 높은 관심을 가지고 아이의 욕구 해결을 보살펴준다. 이때 아이의 상호작용 상대는 불특정 다수가 아닌 정해진 소수다. 미드는 부모를 포함한 소수의 상호작용 대상을 '중요한 타자' 또는 '특정의 타자'라고 불렀다.

아이들은 익숙한 소수의 중요한 타자들과 편안한 상태에서 높은 밀도의 상호작용을 하게 된다. 이 과정에서 중요한 타자들의 언어 사용, 표정, 행동들을 모방하고 습득하게 된다. 고아원 같은 시설에 있었거나 병원에 장기간 입원한 어린아이들에게서 심리적 발달장애가 평균보다 높게 나타나는데, 이는 초기의 상호작용이 결여되었기 때문이다. 아이들을 돌보는 선생님들은 사명감과 애정을 가지고 최선을 다하겠지만 출퇴근을 하거나 교대근무를 하기 때문에 중요한 타자처럼 한 아이와 지속적인 상호작용을 하기 어렵다. 익숙한 사람들과 개인적이고 감정적인 관계를 형성하지 못한 아이들은 상호작용에 어려움을 겪고 충분한 감각적 자극도 경험하지 못해서 이후에 신체적, 정신적 어려움을 겪게 될 가능성이 높아진다.

성장하면서 아이들은 더 많은 타자들과 상호작용을 한다. 특히 또래 아이들 또는 다른 사람들과 게임을 하면서 자신의 욕심과 욕구를 억제하고 규칙을 지켜야 재미있어진다는 것을 경험한다. 그러면서 사회에는 지켜야 할 규범이 있다는 것을 알고 이에 익숙해지게 된다. 유소년기를 지나면서 아이들의 상호작용 대상은 계속 확장되어 이제는 불특정 다수의 타자들을 포함하게 된다. 이 다수의 타자들을 미드는 '일반화된 타자'라고 부르는데, 아이들은 일반화된 타자들의 기대를 내면화함으로써 사회의 문화, 규범, 가치들을 습득하게 된다.

어린 시절의 사회화가 가장 중요하지만, 사회화는 평생 동안 지속되는 과정이다. 진학, 입대, 취업, 전직, 독립, 결혼, 출산, 은퇴 등 삶의 중요한 변곡점에서 새로운 사회적 역할에 익숙해져야 하는 것도 사회화의 과정이다. 특히 급속한 정보화는 적응하지 못하는 사람들을 도태시키기 때문에 IT 기술의 논리와 문화에 익숙하지 않은 세대에게는 변화된 사회에의 적응, 즉 '재사회화'가 큰 부담이 되고 있다.

18일

오늘의 키워드

가족

가족이 정말 마냥 좋기만 할까?

가족과 섹슈얼리티

#가족 #사랑의_매 #가정폭력 #화목

가족은 우리에게 가장 익숙한 사회제도다. 누구나 한 분야에 20년 이상 몸담고 있다면 그 분야의 전문가이자 권위자라고 할 만하다. 우리 모두는 현재까지의 인생 거의 전 기간 동안 가족에 몸담고 가족을 온몸으로 경험하고 있으니 가족 전문가라고 해도 과언이 아니다. 당연히 가족이 무엇인지 잘 안다고 생각한다. 우리가 잘 알고 있는 가족에 대해 이야기해보자.

먼저, '가족'이라는 단어가 주는 울림이나 느낌에 대해 생각해보자. 실제로 대학생들에게 가족이 주는 느낌에 대해 물어보면 이런 표현들을 빈번하게 사용한다. 든든함, 울타리, 내 편, 그리움, 신뢰, 의지, 따뜻함, 편안함, 화목함, 아낌없이 줌, 쉴 곳, 위로, 안정, 희생, 포근함, 이해, 안락함, 애틋함, 그리고 무엇보다도 사랑. 진학이나 취업을 위해 집을 떠나 혼자 생활하고 있다면 가족이 주는 느낌은 이보다 훨씬 강렬해서 때로는 가족이라는 단어만 떠올려도 눈물이 주르륵 흘러내릴지도 모른다. 어떤 긍정적인 형용사를 동원해도 가족을 온전히 표현할 수 없을 것처럼 가족은 감동적이고 불가사의한 단위인 것 같다.

그런데, 이런 질문을 던지면 어떤 답이 나올까?

"태어나서 지금까지 가장 많은 폭행을 당한 곳은 어디인가요?"

일찍이 폭력적인 조직에 몸담고 있지 않았다면, 대부분의 답은 바로 '가족'일 것이다. 폭행을 행사한 사람은 주로 아버지나 어머니이고, 형제가 있다면 형제로부터도 폭행을 당하기도 하고 그에게 폭행을 가하기도 했을 것이다. 의외로 가족은 폭행이 빈번하게 발생하는 사회적 단위다. 어렸을 때 경험한 아버지와 어머니의 폭력은 '사랑의 매'였기 때문에 그분들의 폭력은 모두 용서되고 이해되고, 오히려 자녀를 바른 길로 인도하기 위한, 그리고 폭력을 행사하는 본인들도 가슴 아픈 매였으므로 폭행이라고 부를 수 없는 것인가?

매를 맞을 때의 느낌은 아마도 억울함, 슬픔, 분노, 좌절, 절망 등

사회학적 상상력은 가족을 있는 그대로 볼 것을 요구한다.
가족은 사랑과 화목이 넘침과 동시에 갈등과 폭력도 공존하는 그 무엇이다.

이 지배적이었을 것이다. 형제가 있다면 억울함이 더욱 컸을 것이다. 왜냐하면 잘못은 다 '저놈'이 했는데, 어머니는 내가 형일 경우에는 동생의 어린 행동을 형이 왜 참지 못하느냐고, 내가 동생일 경우에는 형의 말을 왜 안 듣고 따지며 대드느냐고 항상 나를 더 꾸짖고 나를 더 많이 꾸중했(던 것처럼 느껴지)기 때문이다.

많은 경우에 형제 간의 경쟁과 갈등은 상호 간 폭행을 동반한다. 이런 폭력은 잊히고 기억의 뒤꼍으로 사라지는 것이 아니라 생생한 고통으로 체험되고 심한 경우에는 심각한 후유증을 남기기도 하는 실재다. 사실 가정폭력은 광범위하게 행해지고 있으며 심각한 사회문제 중 하나로 인식되고 있다. 가정폭력은 부부폭력, 자녀학대, 노인학대 등을 포함한다. 가족이 가족을 살해하고, 구타하고, 심지어 친자녀에 대한 성폭행까지 하는 사건들이 뉴스에 빈번하게 등장한다.

가족 안에서 발생하는 극단적 형태의 폭행이나 강력사건까지는 아니더라도 갈등은 일상의 곳곳에 실재한다. 특히 경제적 문제를 둘러싼 갈등은 매우 광범위하다. 앞에서 예를 들었듯이 가족은 서로 돕고 의지하며 서로를 위해 희생하는 공동체이므로 가족 구성원 중 누군가가 경제적 어려움에 빠지면 아마 기꺼이 도울 것이라고 응답할지 모른다. 게다가 자신이 경제적으로 풍족하다면, 당연히 넉넉하게 도울 마음가짐이 되어 있을 것이다.

하지만 경험적 사례들은 가족 간의 경제적 도움이 생각처럼 쉽지 않음을 말해준다. 상속을 둘러싼 자녀 간 다툼은 많은 경우 심각하고 돌이킬 수 없는 분쟁의 형태를 띤다. 상속받지 않더라도 현재 소유한 재산만으로 평생을 부족함 없이 생활할 수 있을 것 같은 재벌 집안에서도 가족 안의 상속 분쟁은 끊이지 않는다. 〈중앙일보〉 기자 박민제(2018)의 《가족끼리 왜 이래》는 경제 문제를 둘러싼 갈등이 가족 안에서 해결되지 않고 법정까지 가는 다양한 사례를 보여준다.

이처럼 가족 안에서 발생하는 (폭력을 포함한) 갈등은 광범위하고 심지어 일상적이다. 그럼에도 우리는 가족이라는 제도의 느낌 또는 특징을 이야기할 때는 대부분 긍정적인 차원 중심으로 이야기하는 경향이 강하다. 아침에 등교하면서 어머니에게 온갖 짜증을 부리고 온 학생도 수업시간에 "가족이 주는 느낌은 무엇일까요?"라는 질문을 받으면, "사랑이요" "행복이요" "따뜻함이요" 등의 대답을 한다. 마치 가족 안에 갈등이나 짜증 같은 부정적인 차원은 존재하지 않는 것처럼 말이다.

이것이 바로 가족을 바라보는 우리의 인식론적 오류다. 가족을 있는 그대로, 객관적으로 보는 것이 아니라, 당위의 측면, 즉 마땅히 가족이 존재해야 할 바의 형태에 대해서만 이야기하는 것이다. 이런 인식 아래에서는 가족의 갈등과 폭력은 존재해서는 안 되는 것으로 여겨지고, 담론의 영역에서 탈락한다. 존재해서는 안 되는 것이므로 실재함에도 불구하고 숨겨진다. 문제를 드러내지 않으면 해결도 되지 않는다. 건강하고 행복한 가족을 만들기 위해 노력하는 것은 당연하고 바람직한 일이지만, 그에 앞서 가족을 존재하는 그대로 인식하고 이해해야 문제를 발견하고 해결할 수 있다.

사회학적 상상력은 가족을 있는 그대로 볼 것을 요구한다. 가족은 사랑과 화목이 넘침과 동시에 갈등과 폭력도 공존하는 그 무엇이다. 우리가 생각하는 것처럼 '자연스러운' 제도가 아닐 수도 있다. 당연하게 여겨지는 가족에 대한 느낌들을 잠시 보류하는 것, 여기에서부터 출발하자.

19일

오늘의 키워드

기본적 사회제도

그래서, 가족이 뭐길래?

보편적인
가족의 개념

#가족의_개념 #조지_피터_머독 #앤서니_기든스 #인간_가족의_특징

인간이 사는 모든 곳에서 우리는 가족이라고 부르는 단위들을 발견하고, 가족을 다른 사회적 단위 또는 상호작용의 형식들로부터 구별할 수 있다. 가족은 한국에나 미국에나 아마존 밀림에나 아프리카의 사바나지역에나 파푸아뉴기니의 산지에나 어디에나 존재한다. 즉, 가족은 인간 사회의 보편적인 사회적 제도다. 가족이 보편적 제도라면 다른 제도들과 구분되는 모든 사회의 가족에 공통적인 특징이 있을 것이다. 전 세계의 모든 가족을 포괄할 수 있는 보편적인 가족의 개념을 정의할 수 있을까?

인류학자 조지 피터 머독George Peter Murdock은 유명한 1949년의 정의에서 가족을 "함께 거주하고, 경제적으로 협력하며, 자녀를 출산하는 사회적 집단"이라고 정의하며, 여기에 가족은 "남녀 양성을 포함하며 이 중 적어도 둘은 사회적으로 승인된 성적 관계를 갖고, 자녀가 한 명 이상 있어야 할 것"이라고 덧붙였다(Coontz, 2006:26-27). 이 정의는 현재의 한국뿐만 아니라 산업화된 사회의 대다수 가족을 잘 설명하는 것 같다. 그러나 작은 규모의 산업화되지 않은 사회 또는 산업화 사회 내에서도 증가하고 있는 가족의 다른 형태들을 충분히 설명하지는 못한다.

우리는 한국 사회의 규범적인 가족으로 대개 '한 사람의 남성과 한 사람의 여성'으로 이루어진 부부를 떠올린다. 그러나 대부분의 역사적 과정에서 대부분의 사회는 한 사람이 복수의 배우자와 혼인 관계를 유지하는 것을 승인한 역사가 짧지 않게 있었고 현재도 복수의 배우자를 두는 것이 합법인 사회가 다수 있다. 한국의 역사에서도 왕들의 일부다처는 당연하게 여겨져왔고, 귀족들과 부유층의 일부다처 역시 공식적 또는 암묵적으로 용인되었다. 머독의 정의 역시 보편적인 가족이 반드시 일부일처여야 할 필요가 없다는 점을 시사한다.

그러나 중앙아프리카의 아잔데Azande 부족을 비롯한 많은 사회에 동성 간의 결혼 전통이 있다는 것과, 현대 사회에서 동성 결혼을 합법화하는 국가가 증가하고 있다는 사실을 머독의 개념은 설명하지

"자녀 양육 책임을 전제로 하는 성인 구성원으로서,
친인척 연결고리로 직접 관련된 사람들의 집단"

못한다. 굳이 남성과 여성 양성이 반드시 포함되었을 때만 부부와 가족이 성립하는 것은 아니다.

자녀가 항상 부부 사이의 성관계와 출산을 통해서만 생기는 것도 아니다. 입양은 성적 관계, 출산, 혈연과 관계없이 자녀를 갖게 되는 비교적 널리 통용되는 행위다. 뉴기니의 바나로Banaro 부족처럼 여성의 첫 번째 출산이 남편이 아닌 남성과의 사이에서 이루어지는 것이 규범인 사회도 있다. 출산과 가족이 분리된 경우도 있는 것이다. 뉴기니의 구루룸바Gururumba 부족을 비롯한 많은 사회에서는 결혼 후에도 부부가 함께 거주하지 않는다. 가족 여부와 상관없이 남성은 남성들과 여성은 여성들과 지내도록 거주공간이 나뉜 사회들이 많으며, 경제적 협동도 핵가족 단위가 아닌 집단 전체가 단위인 경우 역시 많다(Coontz, 2006:24-33).

이처럼 머독의 가족 개념은 가부장적인 남성 중심의 핵가족은 잘 설명하지만, 그리고 그런 가족이 다수이므로 보편적 개념 정의인 것 같지만, 그의 가족 개념을 구성하는 요소 하나하나에 대한 반박 사례들을 쉽게 찾아볼 수 있다.

현대 사회학자 앤서니 기든스Anthony Giddens(1938~)는 머독과는 다르게 가족을 정의한다. 기든스에 따르면 가족은 "자녀 양육 책임을 전제로 하는 성인 구성원으로서, 친인척 연결고리로 직접 관련된 사람들의 집단"이다. 이 정의는 머독의 정의에 비해 현저하게 단순하다.

먼저, 자녀가 어디에서 왔는지에 대한 설명이 없다. 출산을 통해서든, 입양을 통해서든, 또는 인공수정과 대리모를 통한 3자출산이든 관계없어 보인다. 어떤 과정에서든지 성인 구성원이 자녀라고 부를 수 있는 존재가 생겼다면 그것으로 충분하다.

두 번째 요소인 성인 구성원에 대한 성性과 수에 대한 정의 역시 생략되어 있다. 반드시 양성이 포함되어 있을 필요가 없고 성인의 수도 두 사람이어야만 하는 것도 아니다. 세 명 이상도 무관하고 한 명이어도 무방하다. 자녀를 양육하겠다는 의지가 있는 성인만으로도 가족은 성립한다는 것이다. 반드시 함께 살아야 할 필요도 없고, 경제적인 협력도 필수적 조건이 아니다.

이런 단순한 가족 개념은 구체적인 가족 개념보다 훨씬 다양한 형태의 가족들을 포괄하여 설명할 수 있다. 세계에는 매우 다양한 형태와 기능의 가족들이 존재한다는 것, 그리고 사회의 변동은 가족의 형태와 기능의 변동도 수반한다는 것을 고려한 개념 정의라고 볼 수 있겠다. 이 정의는 한부모가족, 동성가족, 일부다처가족, 일처다부가족, 재혼가족, 입양가족 등 다양한 가족을 모두 가족이라는 개념으로 포괄할 수 있다.

기든스의 가족 개념의 후반부는 가족의 사회적 구조와 관계에 대해 정의한다. 전반부가 가족의 기능(자녀 양육)이라면 후반부는 구조에 관한 것이다. 이 부분은 동물에게는 적용되지 않는 인간 가족의 가장 기본적인 구조를 설명하고 있다. 대부분의 동물은 두 개체가 교미를 하고 새끼를 출산했다고 해서 각 개체의 생물학적 부모들의 관계에 변화가 생기지 않는다. 오직 인간만이 가족을 중심으로 '친인척 연결고리'가 형성된다. 혈연과 혼인으로 맺어진 다양한 연결망 속에 가족이 위치하는 것이다. 태어나면 부모가 이미 존재해 있고 이들은 개인의 성장 과정에 깊숙이 개입한다. 부모뿐만 아니라 형제, 조부모, 삼촌, 사촌 역시 개인에게 많은 영향을 미친다.

혼인을 하면 이 네트워크는 더 넓어진다. 사돈 가족과 그 가족의 직계 친족들도 개인에게 영향을 미치는 중요한 행위자들이 된다. 인간에게만 발생하는 관계의 확장이다. 혼인에 있어서 당사자들의 의사결정이 중요해지고 친족의 영향력이 약해지며 핵가족이 증가하고 있다고 하더라도 여전히 가족은 개별적으로 독립되고 고립된 단위가 아닌, 친척 및 인척과 복잡한 관계를 형성하고 있는, 복잡한 연결망 속의 단위인 것이다.

기든스가 정의한 전반부가 변화하는 현대 가족을 포함한 역동적 차원의 개념 정의라면 후반부는 변화하지 않는 모든 인간 가족만의 특징을 분석한 보편적인 차원이라고 볼 수 있겠다.

20일

오늘의 키워드

붕괴

현대 사회에서 가족이 약해지고 있다고?

가족의 붕괴

#가족의_해체 #확대가족 #핵가족 #유기적_연대 #이혼

현대 사회에서 발생하는 가족과 관련된 각종 사건과 사고, 가족의 형태와 역할의 급격하고 근본적인 변화 등은 과거의 가족보다 현대 가족이 약해지고 있음을 보여준다. 가족의 붕괴, 가족의 해체, 가족의 쇠퇴 등으로 불리는 이 현상을 뒷받침하는 경험적 근거들은 쉽게 찾을 수 있다. 출산율의 하락, 비혼의 증가, 혼인 연령의 상승, 이혼의 증가, 가구원 수 감소, 1인가구 증가, 기러기 가족 등 별거 가족의 증가, 여성의 사회활동 증가 등 각종 경험적 통계는 물론이고, 부모 부양 기피, 부모-자식 관계의 소원, 가족 간 대화의 단절, 가정폭력, 아동학대, 존속살인 등이 확대되는 사회문제로 널리 인식되고 있다. 정말로 가족이 위험할 정도로 붕괴되고 있는 것 같다.

그런데 가족의 붕괴에 대해 이야기하기 위해서는 한 가지 전제조건이 필요하다. 그 비교 대상이 있어야 한다. 붕괴되고 있는 가족의 기준 지점으로 붕괴되지 않은, 조화롭고 온전한 가족이 과거에 존재해야 하는 것이다. 과거의 가족도 붕괴되어 있었다면 현재의 가족이 과거의 가족보다 특별히 더 붕괴되어가고 있다고 말할 수 없기 때문이다. 붕괴되어가고 있는 현재 가족에 대한 비교 대상으로서 붕괴되지 않은 가족은 언제 존재했던 어떤 형태의 가족일까? 보통은 소위 '공동체가 붕괴되지 않았던'* 전통사회의 확대가족과 비교한다.

한국 사회에서는 유교적인 확대가족이 주로 비교의 기준으로 여겨진다. 이 비교 기준부터 생각해보면 그런 가족이 조선시대에 실제로 대규모로 존재했던 보편적 가족이었는지 의문이 든다. 우리가 떠올리는 유교적 확대가족의 이미지는 장남이 부모님을 모시고 정성스럽게 효도를 하고, 자녀들을 자애롭게 훈육하고, 부부 간에도 법도를 지키며 3대가 오순도순 화목하게 사는 확대가족이다. 여성은 가사만 전담하고, 남성은 집 밖의 일을 관리한다.

그런데 실제로 그런 가족이 보편적인 가족이었을까? 양반이나 부유한 소수의 가족이라면 그런 가족을 형성할 조건을 갖추고 있었겠

* 뒤르켐에 의하면 현대 사회의 공동체가 붕괴되었다기보다는 기계적 연대에서 유기적 연대로 발전했다고 본다. 붕괴가 아니라 변동이라는 관점이다.

지만, 대다수의 빈곤한 농민 가족이라면 이야기가 달라진다. 부유한 가족이라 할지라도 실제로 가족이 화목하고 부부 간에 신뢰가 강했으며 부모를 효성으로 부양했는지는 별개의 문제다.

확실히 이혼의 증가는 가족이 해체, 또는 적어도 그 구조가 약해지고 있다는 증거다. 조선시대에는 이혼이 적었으므로 조선시대 가족은 이혼율이 높은 현대 가족보다 건강한 가족이었을까? 이혼이 가족 붕괴와 관련 있는 가장 중요한 이유 중 하나는 자녀들의 성장 과정에서 부모 중 한 명이 갑자기 사라지게 되어 사회화가 파행되기 때문이다. 그런데 조선시대에는 이혼이 아니더라도 다른 이유로 부모 중 한쪽 또는 양쪽이 자녀의 성장 과정에서 사라지는 경우가 현대 사회에서 이혼으로 인해 부모 중 한쪽이 사라지는 경우보다 흔했다. 의료기술과 공중보건의 발전 정도가 낮았으므로 질병 또는 사고로 부모가 사망하는 경우가 많았고, 이로 인해 사회적으로 불이익을 받은 아이들도 지금보다 훨씬 많았다. 구조의 측면에서는 이혼으로 인해 부모 중 한 명이 부재하게 된 현대 가족보다 질병과 사고로 인해 부모 중 한 명 또는 두 명이 부재인 가족이 조선시대에 더 많았다.

가구원 수의 감소 및 확대가족의 감소 역시 가족의 구조를 약화시키는 요인으로 여겨진다. 그런데 확대가족이 조선시대의 지배적 가족 형태였을 것이라는 우리의 예상과 달리 조선시대에는 확대

부부를 중심으로 자녀를 출산하고 함께 양육하는,
우리에게 익숙한 가족은 매우 자연스럽고
본능적인 현상이자 제도인 것 같지만,
사실상 가족은 사회적으로 형성된 제도다.

가족을 구성하고 유지하기 위한 기본적인 조건들이 결여되어 있었다. 한 조사에 따르면 조선에서 의료혜택을 가장 많이 받았을 왕들의 평균수명은 46세였고, 60세 이상 '장수'한 왕은 20퍼센트가 되지 않았다.* 이 연구는 조선시대 백성 전체의 평균수명을 35세 전후로 추정했다. 이런 인구학적 조건은 3대가 함께 형성하는 확대가족의 성립 자체를 어렵게 하고, 성립이 되더라도 지속 기간이 평균적으로 매우 짧을 수밖에 없음을 말해준다. 확대가족이 이상적인 가족의 형태였지만 현실적으로는 핵가족이 지배적이었던 것이다.

영유아의 높은 사망률과 짧은 평균수명을 함께 고려하면 평균 가구원 수도 그리 많지 않았다. 한 양반촌에 대한 연구는 17세기 초에 평균 가구원이 2.1명이었음을(최재석, 1983:397), 또 다른 연구는 18세기 의성김씨 양반촌의 평균 가구원이 4.47명임을 보여준다(박수미, 2007:78). 작은 규모의 양반촌에 대한 사례연구이기 때문에 조선 사회 전체에 대해 일반화시킬 수는 없지만, 그리고 두 연구 간의 편차도 크지만, 영양 상태가 상대적으로 좋았을 양반 가구의 가구원 수가 평균 5명이 되지 않는다는 것은 현대 사회보다 가족의 규모가 특별히 더 크지 않았다는 것을 시사한다.

현대 사회는 출산율이 크게 하락했지만 그 대신 영유아의 사망

* 문화일보, 2013.12.26. "조선시대 평균수명 35세…. 왕은 46세: 황상익 서울대 교수 주장… 영유아 사망률 높았던 탓." http://www.munhwa.com/news/view.html?no=2013122601071127163002(2019.8.22. 검색)

률도 크게 낮아져서 적어도 부모와 자녀로 이루어진 핵가족은 대부분 한 번 구성되면 자녀가 집을 떠날 때까지 이어진다. 이른바 '기러기 가족'이 증가한다는 것을 근거로 별거가족의 증가, 나아가 가족의 약화를 이야기하기도 한다. 그러나 자녀의 교육을 위해 남성이 한국에 남아 유학 간 자녀와 배우자를 경제적으로 뒷받침하는 기러기 가족의 사례는 오히려 가족이 끈끈하게 그 기능을 수행하고 있음을 반증한다.

가정폭력을 근거로 가족의 해체를 말하기도 하지만, 이 역시 조선시대보다 폭력이 더 증가했다고 보기 힘들다. 현대 사회에서는 자녀가 양육과 투자의 대상이고 교육받고 사랑받을 권리가 있는 존재이지만, 조선시대 대부분의 농가에서 자녀는 중요한 노동력 제공자이기도 했다. 현재의 관점에서 본다면 기본적인 교육의 기회도 주지 않은 채 어렸을 때부터 노동을 시키는 소위 오늘날의 '아동노동 착취'가 일상적이었던 셈이다.

결국 우리는 존재한 적이 없는 붕괴되지 않은 가족을 유교적 전통 가족의 형태로 과거에 투사해두고, 그 이미지와 현재의 가족을 비교하며 가족이 붕괴되고 있다고 이야기한다. 실재했던 과거의 가족이 현재의 가족에 비해 그리 조화롭지 못했고 구조도 튼튼하지 못했다면, 가족의 붕괴 가설 또는 해체 가설도 성립하기 어렵다. 가족은 붕괴하는 것이 아니고 변동한다고 보는 것이 타당하다.

이전에는 예외적인 가족의 구성이었거나 '비정상'이라고 생각되었던 가족들이 현대 사회에서는 대규모로 증가하고 있다. 한부모 가족과 무자녀 가족이 대표적인 사례들이다. 재혼의 증가로 인한 재혼가족, 또는 혼합가족의 증가도 두드러진다. 결혼 경험이 있는 남녀가 이전의 결혼생활에서 태어난 자녀들과 함께 가족을 구성하는 것이 혼합가족blended family이다. 현대에는 자녀의 양육과 교육이 중요해짐에 따라 이혼한 후에도 전 배우자와 소통이 유지되는 경우가 많은데, 자녀 관점에서는 생물학적 부모와 그들이 재혼한 새로운 배우자들로 부모가 두 쌍이 되는 효과가 생긴다. 두 쌍의 부모는 자녀가 활용할 수 있는 자원 확장의 측면도 있어서, 현대 사회에서의 혼합가족의 증가를 사회학자 주디스 스테이시Judith Stacey는 '포스트모던 확대가족a postmodern extended family'이라고 부르기도 한다(1998). 물론 부정적인 측면도 있는데, 예를 들면 성인 자녀가 있는 상태에서 재혼한 경우, 자녀들과 현 배우자 사이의 재산 상속 문제를 둘러싼 분쟁과 같은 새로운 갈등을 낳기도 한다.

동성부부의 합법화도 가족 변동의 새로운 차원이다. 2019년 현재 전 세계 25개 국가들이 동성 간 결혼을 합법으로 인정하고 있다. 아시아에서는 타이완이 2017년에 처음으로, 그리고 현재까지도 유일하게, 동성 사이의 결혼을 합법으로 인정하고 있다. 합법적인 혼인으로 인정하지는 않더라도 사실혼으로 간주해 합법적 부부들이 누리는 법률적 혜택을 거의 다 누리게 하는 국가들도 이탈리아, 그리스, 스위스 등을 비롯해 10개국이 넘는다.

부부를 중심으로 자녀를 출산하고 함께 양육하는, 우리에게 익숙한 가족은 매우 자연스럽고 본능적인 현상이자 제도인 것 같지만, 사실상 가족은 사회적으로 형성된 제도다. 남녀가 섹스를 하고 자녀를 출산하는 것은 가족이 아니라도 있을 수 있다. 가장 자연적인 상태라면 20대 청년들에게 자녀가 여러 명 있다 해도 전혀 이상한 일이 아닐 것이다. 가족은 인위적으로 만들어진 제도로서 여러 가지 사회적 역할을 담당한다. 시대에 따라, 사회에 따라 가족의 형태와 기능이 다르다는 점은 가족이 사회적 구성물임을 알려준다.

21일

오늘의 키워드

결혼

결혼이 늦어지는 이유는?

만혼과 섹슈얼리티의 변화

#결혼 #초혼연령 #섹슈얼리티 #자아성찰성

한국 사회에서 혼인건수와 혼인율은 1990년대 중반부터 꾸준히 감소하고 있다. 감소의 이유는 크게 두 가지인데, 하나는 결혼 자체를 하지 않는 사람들의 증가이고, 또 하나는 결혼을 연기하는 사람들의 증가다. 후자가 한국의 혼인율 감소에 더 큰 영향을 미치고 있는 요인으로서, 이는 평균 초혼연령의 증가와 깊은 관련이 있다.

지금이 1960년이라면, 20대 대학생들 중 여학생들은 대부분이 이미 결혼을 했거나 결혼을 눈앞에 두고 있었을 것이다. 남학생의 경우 당시의 군복무 기간 3년을 마치고 복학했다면 역시 결혼이 눈앞의 당면 과제였을 것이다. 1960년에 한국의 젊은이들은 평균적으로 남성이 25.4세, 여성이 21.6세에 결혼을 했기 때문이다.

그러나 2020년대의 대학생 대부분에게 결혼은 먼 미래의 일이다. 결혼보다 더 먼저 해결해야 할 일들, 즉 학업과 취업이 중요한 당면 과제다. 과거에는 20대 후반까지도 결혼을 못하면 결혼에 대한 희망이 급격히 감소했겠지만, 현재는 30세가 넘은 후에 비로소 결혼을 심각하게 고려하게 되었다. 남성의 경우 2003년 처음으로 평균 초혼연령이 30세를 넘어섰고, 여성은 2016년 전국 평균 초혼연령이 30세를 넘겼다. 2021년 첫 결혼을 한 사람들의 나이는 남성은 평균 33.4세, 여성은 평균 31.1세였다.

[표1] 평균 초혼연령

년	남성	여성
2021	33.4	31.1
2015	32.6	29.96
2010	31.8	28.9
2005	30.9	27.7
2000	29.3	26.5
1995	28.4	25.5
1990	28.6	25.5
1985	28.6	24.8
1980	27.8	24.1
1975	27.3	23.6
1970	27.4	23.3
1965	26.7	22.8
1960	25.4	21.6

출처: 국가통계포털 (http://kosis.kr)

결혼하는 나이가 늦어지는 속도도 최근으로 올수록 가파르게 증가했다. 1960년의 수치를 기준으로, 평균 초혼연령이 약 3세 증가하는 데 걸린 시간이 대략 25년이었던 것에 비해, 3세가 증가하여 2021년의 평균 초혼연령값에 도달하기까지 걸린 기간은 약 15년이었다.

평균 초혼연령의 급속한 상승이 가져온 중요한 결과 중 하나는 젊은 세대의 섹슈얼리티의 특징과 깊은 상관관계가 있다. 한 조사에 따르면 한국 미혼 남녀의 평균 교제상대 수는 약 5명이다.* 미혼 남녀에 대한 조사이므로, 조사 시점에서부터 실제 결혼할 때까지 발생할 미래의 교제상대는 누락되어 있다. 따라서 기혼 남녀가 결혼하기 전까지 경험할 교제 상대의 수는 이보다 더 많을 것이다.

현재의 청년 세대는 그들의 조부모 세대보다 평균적으로 10년쯤 늦게 결혼한다. 조부모 세대에서는 혼전 성관계가 바람직하지 않은 규범이었으나, 이른 나이에 결혼했으므로 (이론적으로는) 조금만 참으면 결혼제도 안에서 성적 욕구가 해소될 수 있는 구조였다. 30대가 되어서야 결혼을 하게 되는 현재 청년들의 건강한 성적 욕구는 혼전 금욕 규범을 위해 10년 이상 기다려주지 않는다. 그 결과 성적 욕구를 해소하기 위한 통로들이 활성화된다. 그중 하나가 사랑하는 사람

* 이데일리, 2013.1.22. "대한민국 男女 평균 연애 횟수는?" https://www.edaily.co.kr/news/read?newsId=01699046602680344&mediaCodeNo=257(2022.5.1 검색)

전통 사회에서의 섹슈얼리티는 생식의 기능과 깊은 관계가 있었으나,
현대 사회에서는 성과 생식이 분리됨에 따라 섹슈얼리티는
해당 개인이 경험하고 구축해야 하는 삶의 영역이 되었다.

과 결혼을 전제로 하지 않는 성적 관계의 증가다.

사회학자 앤서니 기든스는 이러한 섹슈얼리티의 변화를 '플라스틱 섹슈얼리티plastic sexuality' 개념으로 설명한다(1992). 전통 사회에서의 섹슈얼리티는 생식의 기능과 깊은 관계가 있었으나, 현대 사회에서는 성과 생식이 분리됨에 따라 섹슈얼리티는 해당 개인이 경험하고 구축해야 하는 삶의 영역이 되었다는 것이다. 이른바 '자연의 질서'에 의해 규정되지 않고 사회적 관계와 사회적 경험 속에서 플라스틱처럼 유연하게 구축되는 방향으로 섹슈얼리티가 변화하고 있다는 의미다.

이러한 섹슈얼리티의 변동은 사회의 변동, 특히 기술의 발전과도 깊은 관계가 있다. 피임 기술과 도구의 발명 및 확산은 섹스로부터 생식을 분리시켰다. 그 결과 생식과 관계없이 성적 쾌락 그 자체가 성의 목적이 되었다. 또한 인공생식 기술의 발전은 생식으로부터 성을 분리시켰다. 성적 관계가 없어도, 그리고 자연적으로 불임 상태인 커플도 생식 기술의 도움으로 출산이 가능해졌다. 인간에게 성과 생식은 더 이상 자연의 섭리가 아니라 사회적 기술의 개입으로 매개되는 관계가 되었다.

평균 결혼연령이 30대 이후로 미루어졌다는 점은 청년세대의 섹슈얼리티가 플라스틱 섹슈얼리티의 특징을 강하게 갖는다는 것을 시사한다. 결혼 전까지 갖는 복수의 유의미한 관계들에서의 경험을 통해 청년들은 사랑을 경험하고 학습하고 형성한다. 현대의 많은 사회에서 동성애와 동성결혼이 수용되고 인정되는 것도 플라스틱 섹슈얼리티의 관점에서 이해될 수 있을 것이다.

이에 따라 섹스의 사회적 기능 역시 변한다. 독일의 사회학자 니클라스 루만Niklas Luhmann은 경제체계에서 화폐가 매개 기능을 담당하고, 정치체계에서 권력이 매개 기능을 담당하듯이, 친밀성체계에서는 섹스가 매개 기능을 담당한다고 분석하여, 현대 사회에서 성은 생식보다 소통의 기능이 더 부각된다고 설명했다(베르크하우스, 2012).

만혼 현상과 플라스틱 섹슈얼리티, 그리고 다음 장에서 설명할 '합류적 사랑'은 현대 사회의 특징과 깊은 관계가 있다. 전통 사회와 비교했을 때 현대 사회는 사회적 이동과 지리적 이동이 크게 증가했다. 더 이상 부모의 일을 물려받지 않고 스스로 직업을 구하게 되었다. 소비주의의 확산은 라이프스타일에 대한 선택지를 매우 다양하게 만들었다. 이런 사회 변동의 과정에서 가족이 개인에게 행사했던 규제와 통제는 크게 약화되고 개인의 선택과 자율성의 중요도는 점차 높아져갔다. 기든스는 '자아성찰성self-reflexivity'이라는 개념을 통해 '현대 사회의 섹슈얼리티, 사랑, 결혼은 자아를 성찰적으로 만들어가고 발전시켜가는 기획의 한 부분이 된 것'이라고 설명한다(Chambers, 2012; Giddens, 1992).

오늘의 키워드
사랑

현대 사회에서 결혼은 무슨 의미일까?

결혼과 사랑

#낭만적 #합류적_사랑 #생활동반자 #프랑스 #갓돌결혼

사랑하는 사람과의 경험과 관계를 수식하는 대표적인 단어는 '낭만적romantic'이다. 낭만적 사랑의 본질은 '유일'과 '영원'이다. 다른 사람이 아닌 너니까 사랑하는 것이고, 둘의 사랑은 운명적인 것으로 공유된다. 그리고 그 사랑은 영원히 계속되는 것이다. 낭만적 사랑의 전형은 '로맨스 소설'이 그리는 것과 같은 사랑이다. 보통 로맨스 소설의 결말은 결혼 또는 결혼의 암시로 마무리되는데, 결혼 후에도 헤어지지 않고 죽음이 둘을 갈라놓을 때까지 지속되리라는 것을 전제한다. 이혼율이 낮았던 시대와 사회에 적합한 서술구조다. 하지만 현세대의 사랑은 그런 의미에서 낭만적이라고 하기 어렵다.

현대의 사랑은 유일과 영원이라는 낭만적 사랑의 속성을 부인한다. 혼인연령이 늦어지고 결혼 전에 다수의 사랑하는 관계를 경험한다는 사실은 이미 우리 사회가 '한 사람만을 영원히 사랑할 것'이라는 낭만적 사랑의 신화에서 벗어나 있음을 말해준다. 게다가 이혼율의 급증은 낭만적 사랑이 이제는 허구에 가까워졌음을 보여준다. 기든스는 낭만적 사랑과 다른 현대의 새로운 사랑의 형태를 '합류적 사랑confluent love'이라고 정의한다(1992).

합류적 사랑은 흐름, 유연함, 액체성 등이 특징이다. 합류적 사랑에서는 대상이 중요한 것이 아니라 '관계'가 중요하다. 따라서 한 사람에게 머물러 있지 않고 물 흐르듯 흘러간다. 사랑하는 사람과 헤어질 때는 그 사람과 어딘가, 무엇인가 '맞지 않아서' 헤어진다. 다른 말로 표현하면, 당신이 추구하는 사랑하는 관계를 그 사람과는 함께 만들어가기가 더 이상 어렵다는 것을 경험을 통해 알았기 때문에 헤어진 것이다. 낭만적 사랑이라면 그 사람이 운명적 사랑의 상대이므로 갈등을 극복하고 서로 더 맞추어가며 결혼까지 해서 평생을 함께하는 것이 이상적이다.

그러나 현대 사회에서는 맞지 않는 관계가 주는 고통에서 벗어나 자신이 바람직하게 생각하는 관계를 더 잘 형성할 수 있는 사람을 찾아 나서게 된다. 그 노력이 항상 성공하지는 않을지라도 말이다. 또한 복수의 관계를 경험하면서 스스로도 자신에 대해 더 잘 이해

합류적 사랑에서는 대상이 중요한 것이 아니라 '관계'가 중요하다.
따라서 한 사람에게 머물러 있지 않고 물 흐르듯 흘러간다.
사랑하는 사람과 헤어질 때는 그 사람과 어딘가, 무엇인가 '맞지 않아서' 헤어진다.

하게 된다. 물론 이상적인 관계의 상像 역시 복수의 경험을 거치면서 수정되고 구체화될 것이다.

이처럼 복수의 대상과 복수의 관계를 경험하는 것이 현대 사회에서 사랑의 특징인 합류적 사랑이고, 이는 대상보다 관계 자체가 더 중요해진 결과다. 복수의 관계를 경험하는 과정에서 자신의 섹슈얼리티도 구축하게 된다. 이렇게 합류적 사랑과 플라스틱 섹슈얼리티는 함께 작동하면서 현대 사회의 특징적인 사랑과 친밀성을 형성해 간다. 만혼 현상은 이 특징들이 발현되는 중요한 사회적 배경이기도 하고 또한 그 증상이기도 하다. 사랑이 관계에 대해 배워야 하는 삶의 영역이 된 것이다.

사랑과 친밀성 영역에서의 변화는 결혼의 변화로 이어진다. 그렇다면 플라스틱 섹슈얼리티와 합류적 사랑은 결혼의 쇠퇴를 야기할까? 실제로 결혼이 제도로서의 성격을 잃어가고 있다는 분석도 있다. 가족사회학자 앤드류 철린Andrew Cherlin은 이를 '결혼의 탈제도화'라고 표현한다(2004). 미국과 유럽에서 결혼하지 않고 동거만 하는 커플이 급증하고 있다는 사실이 결혼의 탈제도화를 보여주는 사례다.

한국에는 동거에 대한 정확한 통계가 없는데, 통계 작성이 어렵다는 사실은 혼전 동거에 대한 수용도가 낮다는 것을 의미하기도 한다. 한국의 청년 세대를 대상으로 한 연구에 따르면 응답자의 약 13퍼센트가 동거 경험이 있다고 답했다(진미정·성미애, 2021). 그러나 동거를 결혼을 대체하는 관계로 보는 견해는 결혼으로 이어지는 결혼 전 단계로 보는 견해보다 열세했다. 이는 서구보다는 비혼 동거를 보수적으로 보는 태도가 뚜렷함을 가리킨다. 그러나 동거에 대한 수용의 태도가 증가하고 있는 추세인 것은 확실하다.

유럽의 많은 국가들에서는 비혼 동거 관계를 생활동반자civil union에 관한 법으로 보호해준다. 이 법에 따라 생활동반자 관계로 등록한 커플들은 혼인관계의 커플들과 거의 동일한 법적 보호를 받는다. 자녀들에 대한 혜택은 물론이고, 세제 혜택, 파트너 간의 상속, 보험 혜택 등이 기혼자들과 동일하다. 심지어 파트너가 외국인일 경우에도 영주권 취득이 기혼자들과 동일한 경우도 많다. 게다가 결혼이나 이혼과 달리 관계의 등록과 해소가 간편하다. 이쯤 되면 굳이 결혼을 할 필요가 없어진다.

실제로 프랑스에서 이 제도가 1999년에 입법된 이후 혼인건수가 급격히 감소해서 현재는 매년 혼인건수가 생활동반자 관계 등록건수를 약간 상회하는 정도에 머물러 있다. 2019년 프랑스의 혼인건수는 22만 4,740건, 생활동반자 관계 등록은 19만 6,370건으로 큰 차이가 나지 않았다.* 프랑스에서 생활동반자 관계 제도는 동성결혼이 불법이었을 때 이들을 구제하고 법적으로 보호하고자 하는 목적

* Statista, http://statista.com

에서 만들어졌다. 그러나 입법 의도와 달리 동성 커플보다 이성 커플이 압도적으로 많이 이 제도를 활용했다. 특히 결혼 제도에 환멸을 느끼는 사람들, 이혼을 경험한 사람들, 결혼에 반대하는 이데올로기를 가졌으나 세제 혜택은 누리고 싶은 젊은이들, 아직 결혼 준비가 되지 않은 결혼 전 단계 연인들이 생활동반자 관계를 선호하는 것으로 나타났다.•

프랑스에서는 생활동반자 관계가 큰 인기를 끌고 있지만, 그렇다고 결혼을 완전히 대체하지는 않는다. 혼인은 매년 25만 건 전후인 데 비해 생활동반자 관계는 2008년까지 급등세를 유지하다가 2008년부터는 연간 15만 건에서 20만 건 사이에서 소폭의 등락을 거듭하고 있다. 생활동반자 관계가 제도화된 유럽의 다른 나라들에서는 프랑스만큼 인기를 끌고 있지 않다. 혼인건수는 과거보다 감소했지만 여전히 결혼은 가족 형성의 지배적인 통로로 여겨지고 있다.

철린은 결혼이 과거보다는 중요성이 저하된 것처럼 보이지만 "쓸모없게 된obsolete" 것은 아니라고 분석한다(2018). 그는 이미 자녀까지 낳고 가족을 형성한 비혼 동거 커플이 늦은 나이에 결혼을 하는 점에 주목한다. 예를 들어 노르웨이의 경우 평균 초혼연령이 남성은 39세, 여성은 38세인데, 첫 아이를 출산하는 평균 연령보다 초혼연

• The New York Times, December 19, 2010. "In France, Civil Unions Gain Favor Over Marriage."

령이 6~8세 높다. 즉 노르웨이에서는 평균적으로 첫 아이를 출산하고 6~8년이나 지난 후에 결혼을 한다는 이야기다. 이처럼 늦은 나이에도 결국은 결혼을 하게 되는 이유를 철린은 결혼의 기능 변화와 연관 지어 분석한다. 과거에는 결혼이 가족 형성의 첫 관문의 기능을 수행했지만, 현대 사회에서는 커플의 관계가 오랜기간 변하지 않고 지속되어 성공적인 가족을 이루었다는 것을 주위에 공식적으로 알리는 상징public marker의 기능, 변하지 않은 사랑을 축하하고 기념하는 기능을 수행하게 되었다고 설명한다. 건축의 마지막 단계에서 갓돌capstone을 올려 완성하듯이, 현대 사회의 결혼은 가족 형성의 마지막 단계에 올려지는 벽돌과 같은 기능을 수행한다는 의미에서 철린은 이를 '갓돌결혼capstone marriage'이라고 부른다.

이혼이 증가하면서 결혼이 퇴색하는 것 같지만 이혼한 사람들의 다수는 재혼을 선택한다. 한국의 경우 2020년에 혼인 1년 차였던 신혼부부 21만 4,266쌍 중 4만 5,514쌍, 즉 21.2퍼센트가 배우자 중 적어도 한 명이 재혼을 한 재혼부부였다.* 이처럼 만혼과 재혼은 결혼의 의미와 기능이 사회 변동과 함께 변화해가고 있음을 보여준다.

* 국가통계포털. http://kosis.kr

23일

오늘의 키워드

도시

현대적 도시의 특징을 보여주는 장면들

현대의 도시

#도시 #산업화 #호구총수 #맥도널드 #스타벅스 #편의점

도시는 많은 인구가 한 곳에 밀집해서 거주하고 주로 비농업 분야에 종사하며 주변 지역에 재화와 용역을 제공해주는 중심지의 역할을 하는 곳이다. 도시를 정의할 때는 나라마다 다른 기준이 적용되고 정치적 상황에 의해 그 기준이 바뀔 수도 있어서 유동적이다.

현재 한국에서는 인구 5만 명 이상의 지역으로 비농업 종사 인구가 전체의 50퍼센트 이상일 때 '시'가 될 수 있고, 인구 2만 명 이상, 비농업 종사 인구 비율이 40퍼센트 이상이면 '읍'의 자격을 갖춘다. 도시는 통상 행정구역 단위인 '시'와 동일시되지만 넓은 의미로는 읍을 포함하기도 한다(권용우 외, 2008). 광역시에 농촌 지역들이 편입되면서 도시의 정확한 정의가 어려워지는 경우도 있다. 이 경우에는 행정구역상 동과 읍은 도시로, 면은 농촌으로 분류하기도 한다.

산업화는 필연적으로 도시화를 동반한다. 농경사회에서는 농민들이 농지가 있는 곳으로 고르게 분산되어 있었지만, 산업사회에서는 노동력 수급이 원활한 곳에 공장이 들어서고 또한 노동자가 공장지역에 밀집함에 따라 도시가 발달하게 된다. 우리나라의 경우, 조선 정조14년인 1789년에 출간된 《호구총수戶口總數》에 따르면 인구 2만 명 이상의 행정구역은 한성, 개성, 평양 3곳에 불과했고, 이들 3곳에 사는 총인구는 24만 명 정도로 전체 인구의 3.3퍼센트에 불과했다(권용우 외, 2008). 이 중 약 20만 명은 한성에 살고 있어서 사실상 한성을 제외하고는 오늘날의 도시라고 부를 만한 곳은 없었다.

1950년에는 한국의 도시화율이 21.4퍼센트, 1960년에는 27.7퍼센트였으나, 산업화와 함께 도시화가 가속되면서 2020년 기준 전국 인구 5,182만 9,023명 중 4,757만 964명이 도시 거주 인구로 도시화율이 무려 91.8퍼센트에 달한다.* 인구의 대부분이 도시에 거주하는, 전 국토의 도시화에 가까운 비율이다.

도시에는 많은 사람들이 밀집되어 있지만, 도시의 인구는 무작위적으로 산재해 있지 않다. 도시는 각각의 구역이 기능에 따라 분화

---

* 국가통계포털. http://kosis.kr

어떤 거리는 변호사 사무실로 가득하고,
어떤 구역의 건물들은 층마다 세무사 사무실이 입주해 있다.
카페 거리, 가구점 거리, 철물점 거리 등 단일 업종이 밀집되어 있는 곳도 많다.
도시 내에 무언가가 서로를 끌어당기거나 밀쳐냄으로써
구획화를 하는 내재적인 힘이 있는 것이다.

되어 있고, 인근 구역들의 기능과 상호의존적으로 서로 연결되어 있다. 그런데 도시는 주위 환경과 역동적으로 상호작용하기 때문에 구획들의 기능과 구조도 끊임없이 변동한다. 도시마다 상업지구가 있고, 주거지역이 있다. 행정기관들이 밀집되어 있는 지역이 있는가 하면, 금융기관들이 집중되어 있는 곳이 있다. 어떤 거리는 변호사 사무실로 가득하고, 어떤 구역의 건물들은 층마다 세무사 사무실이 입주해 있다. 카페 거리, 가구점 거리, 철물점 거리 등 단일 업종이 밀집되어 있는 곳도 많다. 도시 내에 무언가가 서로를 끌어당기거나 밀쳐냄으로써 구획화를 하는 내재적인 힘이 있는 것이다(서우석 외, 2017; 조명래, 2013).

그런데 시청이나 법원이 이전한다거나, 새로운 도로가 건설되었다거나, 대형 할인마켓이 들어서는 등의 변화가 일어나면 이러한 환경 변화에 적응하는 과정에서 도시생태계가 재구조화된다. 도시 내의 변화뿐만 아니라 주변 도시들의 변화에 의해서도 해당 도시의 구조와 기능이 재조정된다.

스타벅스, 맥도날드, 버거킹이 함께 있으면 그곳이 도시의 변화가라는 말이 있다. 스타벅스로 대표되는 카페들, 맥도날드로 대표되는 패스트푸드점들은 도시적 경관의 핵심 요소들이고 도시에서의 만남이 이루어지는 주요 공간들이다. 스타벅스와 맥도날드는 젊은 세대 라이프스타일의 표상이라고 이야기되지만, 도시의 가장 중요한 작동 원리가 함축되어 있는 곳들이기도 하다. 현대 사회와 도시의 대표적 특징 중 하나가 합리성이라고 한다면, 스타벅스와 맥도날드는 도시적 합리성이 가장 잘 구현된 장소다.

미국의 사회학자 조지 리처George Ritzer(1940~)는 맥도날드를 예로 들어 합리성이 우리의 삶을 어떻게 조직하는지를 설명한다(2004). 그는 막스 베버의 합리성 개념을 효율성, 계산 가능성, 예측 가능성, 통제의 네 가지 개념으로 재해석했다. 바쁜 도시생활에서 맥도날드는 빠른 시간 안에 공복 상태의 사람들이 포만감을 갖게 해주어 효율적이다. 빅맥의 크기는 어느 맥도날드에 가도 동일하므로 섭취량과 칼로리를 쉽게 계산할 수 있고, 음식을 주문해서 받기까지 걸리는 시간도 다소의 오차는 있지만 대략 계산 가능하다. 언어가 통하지 않는 나라를 여행할 때도 맥도날드의 메뉴, 분위기, 주문 방식은 한국의 맥도날드와 비슷해서 충분히 예측할 수 있다. 또한 맥도날드는 손님이 계산대에 와서, 또는 자동 주문 기기를 이용해 직접 주문하게 하고, 음식을 받아가게 하고, 식사 후에 테이블을 치우게 하는 등 매장 안에서의 손님의 동선과 행동을 통제한다. 이처럼 맥도날드는 효율성, 계산 가능성, 예측 가능성, 통제 등의 특징을 통해 합리성을 극대화한다.

맥도날드보다 후발 주자인 스타벅스도 정도의 차이는 있지만 기본적으로 합리성의 특징이 두드러진 장소다. 최근에 문을 여는 스타벅스의 점포들은 드라이브스루drive-through가 설치된 곳이 많다는 점, 빠른 시간 안에 추출할 수 있는 아메리카노 커피가 대표적 기본 커피라는 점 등은 효율성의 특징을 강하게 보여준다. 셀프서비스이고, 현금 사용을 최소화하며, 스마트폰 앱을 통해 주문하도록 유도하는 것은 효율성과 함께 통제의 중요한 측면이다. 모든 음료와 음식의 준비는 매뉴얼로 정해져 있어서 조리 시간 등이 정확히 예측 가능하다. 해외여행을 하는 젊은이들이 스타벅스에서 가장 편안하게 휴식을 취할 수 있는 것은 바로 예측 가능한 익숙한 공간이기 때문이다. 맥도날드와 스타벅스는 이처럼 도시에서의 소비가 합리성의 원칙에 의해 이루어지고 있다는 것을 잘 보여준다.

스타벅스, 맥도날드와 함께 도시 풍경을 결정하는 또 하나의 공간은 편의점이다. 편의점에서는 현대성과 도시성을 잘 관찰하고 경험할 수 있다. '구멍가게'와 '슈퍼'를 대체하여 빠른 시간에 전국으로 확산된 편의점은 맥도날드화의 쇼핑 버전이라고도 할 수 있다(전상인, 2013). 편의점은 상품의 진열부터 도시의 축소판 같다. 좁은 공간에 없는 게 없을 정도로 상품들이 밀집되어 있다. 구멍가게나 슈퍼에도 없는 게 없었던 것은 마찬가지이지만, 현대의 편의점은 도시적인 디자인으로 치장되어 있다. 도시의 모든 길목에 자리 잡고 있어서 집에서 입던 옷차림 그대로 잠깐 다녀올 수 있는, 말 그대로 편리한 장소다. 삼각김밥, 샌드위치, 도시락, 용기면 등의 편의점 음식은 빠른 템포의 도시 리듬에 어울리는 상품들이다.

편의점은 상품 외에도 도시생활에 필요한 서비스들을 제공한다. 택배 보내기, 공공요금 납부, 교통카드 충전, 휴대폰 충전 등이 편의점에서 가능하다. 판매하는 맥주들을 테라스에서 마시는 사람들에게 편의점은 술집의 역할을 하고, 저렴하지만 그럴듯한 맛의 편의점 원두커피를 마실 때는 카페의 역할을 하며, 중고등학생들이 학원 수업 전후에 컵라면을 먹으며 친구들과 수다를 떨 때는 휴식 장소의 역할을 한다. 도시가 잠들지 않는 것처럼 24시간 영업하는 편의점도 잠들지 않는다.

편의점은 현대 사회의 특징을 드러내는 공간이기도 하다. 편의점의 확산 자체가 세계화의 과정이다. 다국적 자본이 도시의 골목골목에, 우리의 일상적 삶에 깊숙이 들어와 있다는 것을 편의점은 말없이 증명한다. 프랜차이즈를 운영하는 거대 자본과 가맹점 점주들인 소규모 자영업자들 사이에서 발생하는 이해관계의 충돌은 현대 자본주의가 작동하는 방식의 단면을 보여준다. 편의점은 청년들의 비정규직 노동이 이루어지는 대표적인 영역이기도 하고, 노동시장에서의 첫 경험이 이루어지는 훈련장이기도 하다.

24일

오늘의 키워드
사회자본

도시에 산다는 것에 대하여

공동체의 약화와 사회자본

#공동체 #퇴니스 #게마인샤프트 #게젤샤프트 #사회자본 #부르디외

도시화의 진전은 공동체의 약화를 가져왔다. 독일의 사회학자 페르디난트 퇴니에스Ferdinand Tönnies(1855~1936)는 사회가 게마인샤프트Gemeinschaft(공동사회)에서 게젤샤프트Gesellschaft(이익사회)로 이행한다고 분석했다. 게마인샤프트는 공동체community를 의미하며 전통적 규칙에 의해 형성되는 보편적인 유대감에 기반을 두는 사회다. 반면 게젤샤프트는 구성원들의 합리적인 자기 이해관계에 의해 형성되는 계약관계에 기반을 둔다. 따라서 퇴니스에 따르면 현대 사회에서는 공동체가 약화되고 계약관계에 의해 대체되어간다.

변동은 인간 사회의 본질적 특징이므로 게마인샤프트가 게젤샤프트로 변화한다고 해서 사회가 존재 그 자체의 위기를 경험하는 것은 아니다. 가족의 붕괴를 이야기하지만 가족의 구조와 기능이 이전과는 다르게 변화했을 뿐, 여전히 중요한 제도로서 존재하는 것처럼 말이다. 공동체를 과거의 폐기된 제도로 보지 않고, 공동체의 여러 특징들이 현대 사회의 구조적, 제도적 맹점들을 보완할 수 있으며 현대 사회의 과정을 활성화시킬 것이라는 분석이 있다. 그 대표적인 담론이 '사회자본social capital'에 관한 논의다.

자본은 원래 경제적 개념이다. 그런데 경제적 자본뿐만 아니라 다른 사회적 요인들도 마치 자본처럼 투자되었을 때 이윤 창출을 해내는 측면이 있다. 이에 프랑스의 사회학자 피에르 부르디외Pierre Bourdieu(1930~2002)는 문화자본, 사회자본, 상징자본 등으로 자본의 개념을 확장시켰다. 이 중에서 사회적 자본은 사람들과의 연계 또는 네트워크에서 발생하는 자본의 형태다.

사회적 자본이라는 개념 사용의 폭발적 증가를 촉발한 미국의 정치학자 로버트 퍼트넘Robert Putnam(1941~)은 사회적 자본을 "개인들 사이의 연계, 그리고 이로부터 발생하는 사회적 네트워크, 호혜성과 신뢰의 규범"이라고 정의한다(2009). 지역 안에서 사람들의 교류가 활발하고 서로에 대한 신뢰가 강화되면 범죄가 감소한다. 무임승차자free riders가 감소하므로 지역의 문제를 해결하기 위해 구성원들이 적극적으로 참여하게 되어 지역 환경과 삶의 조건이 개선된다. 서로 호

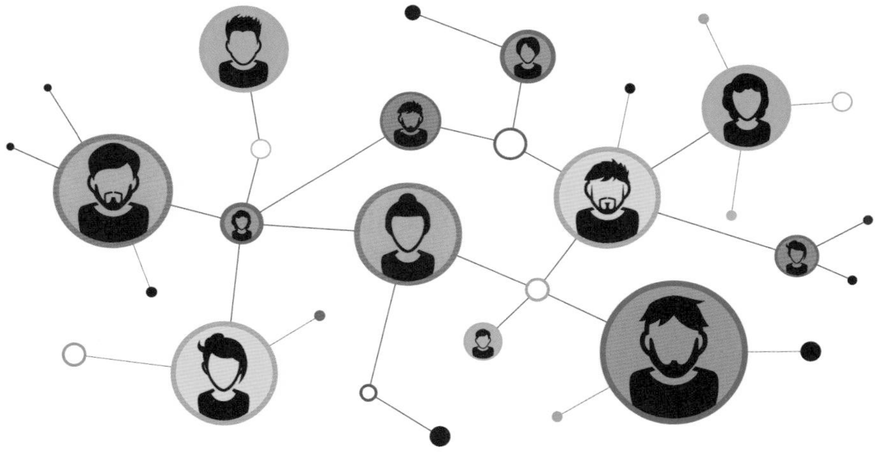

사회적 자본으로서의 신뢰는 친구들과의 믿음뿐 아니라
낯선 사람들에 대한 신뢰, 지역사회에 대한 신뢰, 제도에 대한 신뢰,
정부에 대한 신뢰, 정책 리더들에 대한 신뢰, 기업들 간의 신뢰 등을
포함하는 것이므로 형성과 축적에 어려움이 있다.

혜적으로 도움을 주고받는 관계가 증가하여 경제적 부담도 줄어든다. 활발한 교류와 참여는 도시의 문화를 활성화시켜 문화의 발전과 향유를 촉진한다. 그리고 이런 환경들은 전반적인 생산성 향상을 초래해 경제적 자본의 축적으로도 이어질 수 있다. 이처럼 구성원들의 사회적 관계의 강화가 궁극적으로 자본으로 전환될 수 있다는 의미에서 사회적 관계의 연결망을 자본의 한 형태로 보는 것이다.

퍼트넘은 호혜성을 한정적 호혜성과 포괄적 호혜성으로 구분해 설명하는데, 한정적 호혜성은 개인의 베풂에 대한 수혜자의 되갚음의 의무 관계로 존재하는 반면, 포괄적 호혜성은 불특정 타인에게 베푼 행위에 대한 보상을 바라지 않는 형식으로 존재한다. 쉽게 설명하면, 한정적 호혜성은 '당신이 내게 베풀었으니 나도 당신에게 베풀겠다'는 것이고, 포괄적 호혜성은 '당신이 내가 베푼 행위에 대해 갚지 않아도 되지만, 갚고 싶다면 언젠가 다른 누군가에게 베풀면 된다'는 방식의 호혜성이다.

사회적 자본의 축적을 유의미하게 증가시키는 호혜성은 바로 포괄적 호혜성이다. 그리고 포괄적 호혜성이 확산된 사회가 바로 신뢰의 사회다. 그런데 한정적 호혜성보다 포괄적 호혜성이 형성되기 훨씬 어렵다는 데 문제가 있다. 이해관계가 얽힌 사람들이 서로 도움을 주고받기는 쉬우나, 보상에 대한 기약이 없는 상태에서 당장의 손해를 감수하고 낯선 타인에게 도움을 베푸는 것은 어렵기 때문이다. 사회적 자본으로서의 신뢰는 친구들과의 믿음뿐 아니라 낯선 사람들에 대한 신뢰, 지역사회에 대한 신뢰, 제도에 대한 신뢰, 정부에 대한 신뢰, 정책 리더들에 대한 신뢰, 기업들 간의 신뢰 등을 포함하는 것이므로 형성과 축적에 어려움이 있다.

퍼트넘은 사회적 자본을 연계형 사회자본bridging social capital(또는 교량형 사회자본)과 결속형 사회자본bonding social capital으로 구분한다(2009). 연계형 사회자본은 사람들과의 관계의 확장을 통해 축적된다. 개인 혹은 집단들의 사회적 차이를 넘어서 연계함으로써 사회를 통합하는 기능을 한다. 계급의 차이, 종교의 차이, 지역의 차이를 극복하고 같은 목표를 추구할 때 연계형 자본이 확장된다. 결속형 사회자본은 집단의 결속력을 강화시킨다. 유사한 특징을 공유하는 집단 내에서 강화되기 쉬운 사회자본의 형태로서 향우회, 동창회, 동호회, 배타적인 친목회 등에서 강하게 축적되는 자본이다. 연계형 자본과 결속형 자본은 각각 포괄적 호혜성과 한정적 호혜성에 상응하는 경향이 있다.

사회적 자본의 증가는 두 가지 사회자본의 유형 중 한쪽만 증가할 때는 오히려 사회적 긴장을 야기하게 된다. 그래서 두 가지 자본의 상호보완적인 축적이 중요하다. 퍼트넘(2009:26)에 따르면 "연계형 사회자본은 광범위한 정체성과 호혜성을 만들어낼 수 있는 반면", "결속형 사회자본은 개별적 호혜성을 강화하고 연대성을 동원하는

데 좋다." 또한 결속형 사회자본은 "일종의 사회학적 강력접착제 역할"을 하고, 연계형 사회자본은 "사회학적 윤활유 역할"을 한다고 비유했다(2009:27).

산업화, 도시화, 정보화 등의 거시적 사회 변동의 과정에서 공동체가 약화되어간다는 우려를 하지만, 인간 사회는 변동에 수동적으로 휩쓸려가지 않는다. 사회자본의 축적은 도시형 공동체의 형성과 강화의 대표적인 사례다. 그래서 《도시에 산다는 것에 대하여》를 저술한 정신과의사 마즈다 아들리Mazda Adli는 "도시생활을 행복하게 만들어줄 최우선 조건"으로 사회자본을 든다(2018:289-326). 이미 도시들 곳곳에서 공동체를 살리고, 신뢰를 회복하여, 살기 좋은 동네를 만들고자 하는 풀뿌리 운동이 활발히 이루어지고 있다(황익주 외, 2016).

사회구조는 개인들의 행동에 영향을 미쳐 규칙성을 만들지만, 그 구조를 바꿔나가는 것은 결국 개개인 행위의 집합이다. 사회자본을 축적하고자 하는 노력은 거대한 구조의 힘에 쉽게 굴복하지 않고 구조를 바꾸기 위해 노력하는 것이 인간의 위대한 특징이라는 점을 보여준다.

25일

오늘의 키워드

불평등

흙수저 계급론은 어떻게 탄생했을까?

사회의 계급체계

#노예제도 #카스트제도 #람_나트_코빈드 #달릿 #남아프리카공화국 #흙수저

불평등은 다양한 형태로 존재한다. 노예제도는 불평등의 가장 극단적 형태로 사람이 사람의 소유 대상이 되는 것이 핵심적인 특징이다. 대부분의 사회에서는 노예의 소유가 금지되어 있으나, 역사적으로는 매우 최근까지도 광범위하게 존재했던 제도였다. 우리나라도 조선시대까지만 해도 노비가 존재했으니, 노예제 철폐의 역사는 그리 길지 않다.

카스트제도는 극단적인 '귀속지위'로서 출생과 함께 지위가 결정된다. 즉 부모의 지위를 대물림받아 '그 지위 속으로' 태어나는 것이다. 그리고 평생 동안 그 지위를 벗어날 수 없다. 카스트제도의 사례

인도의 카스트는 보통 직업과 연계되어 있어서
하층 카스트는 사회가 천하게 생각하는 일들을 주로 하고
경제적으로도 궁핍하며 사회적으로 차별받는다.

로 인도를 쉽게 연상할 것이다. 인도의 카스트는 보통 직업과 연계되어 있어서 하층 카스트는 사회가 천하게 생각하는 일들을 주로 하고 경제적으로도 궁핍하며 사회적으로 차별받는다. 하층 카스트 출신의 이성과 결혼했다는 이유로 자식을 '명예살인'했다는 뉴스도 심심치 않게 접한다.

그런데 2017년에 선출되어 2022년 현재 대통령직을 수행하고 있는 람 나트 코빈드Ram Nath Kovind는 불가촉천민이라고도 불리는 달릿dalit 출신이다. 달릿은 힌두교의 카스트 체계에도 들지 못하는 최하층 집단으로 사실상 최하층 카스트에 해당한다. 인도의 제10대 대통령으로서 1997년부터 2002년까지 집무했던 K. R. 나라야난Kocheril Raman Narayanan과, 인도중앙은행의 수석 경제학자였고 현재 인도 상원의회의 의원인 나렌드라 자다브Narendra Jadhav 역시 달릿 출신이다.

구글의 검색창에 'famous dalits' 또는 'rich dalits'를 입력해 결과를 훑어보면 인도의 카스트제도에 대한 생각이 조금 바뀔지도 모른다. 달릿이 대통령도 되고, 통화정책에 큰 영향을 미치는 중앙은행의 고위 관료가 될 수도 있다면 인도의 카스트제도는 소멸했다고 볼 수 있을까? 자다브에 대한 장문의 기사를 게재했던 〈뉴욕타임스〉는 상층에 진입한 하층 카스트의 경험이 단순하지 않음을 보여준다.* 자다

* The New York Times, October 11, 2005. "An Economist's Rise Defies Caste System."

브는 그의 직무 때문에 접하게 되는 상층 카스트 출신의 인도인들이 자신의 카스트를 (이름을 통해) 확인한 순간 불편해하고 불쾌해했다는 경험을 들려준다. 직업의 이동은 가능해 보이지만 카스트는 여전히 문화적 족쇄로 작동하고 있다.

카스트제도가 인도만의 사례는 아니다. 비교적 최근까지 카스트가 유지되었던 대표적인 사례는 남아프리카공화국이다. 소수의 백인이 다수의 흑인을 억누르며 집권했던 남아프리카공화국은 넬슨 만델라Nelson Mandela(1918~2013)가 대통령이 되어 인종분리정책Apartheid을 공식적으로 폐지한 1994년까지 사실상 카스트제도를 유지하고 있었다. 남아공의 카스트는 인종에 기반을 둔 것으로서, 흑인은 아무리 노력해도 사회의 상층으로 이동할 수 없었다.

미국 역시 비교적 최근까지 인종적인 카스트를 유지해왔다고 볼 수 있다. 노예해방전쟁이라고 일컬어지는 남북전쟁에서 노예해방을 주장한 북군이 승리했으나, 해방된 흑인노예는 20세기 중후반까지도, 특히 미국의 남부지역에서 심한 차별을 받고 백인 주류사회와 분리된 상태로 살았다. 노예에서 해방되었으나 완전한 해방이 아닌 하층 카스트로의 전환이었다. 영화로 제작되어 아카데미상 여우조연상을 수상한 〈헬프〉와 이 영화의 원작인 스토켓Kathryn Stockett의 동명 소설은 1960년대 미국 남부의 흑인이 카스트와 다름없는 사회적 지위에 처해 있었음을 잘 보여준다.

남아프리카의 인종 카스트는 넬슨 만델라가 이끄는 아프리카 민족회의당ANC이 선거에서 승리하고 만델라가 대통령에 취임함으로써 1994년 공식적으로 철폐되었다. 다수인 흑인이 정권을 잡았으므로 인종분리정책은 완전히 폐지되었다. 미국은 인권운동의 확산과 함께 보다 점진적으로 변화하여 버락 오바마가 2008년 선거에서 대통령에 당선될 정도로 인종 카스트의 흔적이 옅어졌다.

그런데 인도에서는 카스트제도가 무너질 징조가 아직은 보이지 않는다. 인도의 카스트는 종교에 바탕을 두고 있기 때문이다. 인종에 바탕을 둔 남아공과 미국의 카스트는 정치적으로 해결이 가능했던 반면, 힌두교의 카스트는 종교적 신앙과 관련이 깊어서 여전히 지속되고 있고 오히려 정치적으로 이용되는 측면이 있다. 힌두교의 윤회 교리에서 카스트는 일종의 업보業報로 받아들여진다. 하층 카스트로 태어났다는 것은 전생에 큰 죄를 지은 결과로 여겨진다. 따라서 전생의 악에 의한 과보를 지금 불편하다고 참지 못해 던져버리면 다음 생에는 더 열악한 상태로 태어날 수 있다고 믿기 때문에 현재의 카스트에서 벗어나려는 적극적인 노력을 하지 않는다는 것이다. 인도의 정치체제는 의원내각제로서 대통령은 상징적 국가원수의 역할을 수행한다. 실권이 없는 대통령직에 달릿 출신을 선출함으로써 인도 인구의 1/6에 달하는 달릿의 지지를 확보하고자 하는 정치적 계산을 읽을 수 있다.

신분제도 역시 귀속지위로서 태어나면서부터 결정되지만, 제한적이나마 상승 이동을 할 가능성이 있다. 나라에 큰 공을 세운 경우, 많은 재산을 축적해 상위 신분을 산 경우 등이 상승 이동의 통로였다. 조선시대는 전형적인 신분제 사회였고, 왕족과 귀족이 통치를 하는 신분제 사회는 현대 사회에도 다수 존재한다.

계급class은 현대 사회의 대표적인 불평등 체계다. 계급은 카스트나 신분제처럼 비경제적 요인에 의해 결정되지 않고 경제적 소유의 규모에 따라 지위가 결정된다. 재산이 많으면 지위가 올라가고 재산이 적으면 지위가 내려가므로 개인의 노력 여하에 따라 결정되는 성취지위다.

카스트나 신분이라면 개인이 자신의 지위가 무엇인지 확실히 알고 있겠지만, 계급제도에서는 자신의 계급이 무엇인지 알 수 없다. 공식적인 분류체계 자체가 존재하지 않기 때문이다. 임의로 상, 중, 하를 제시하고 응답자의 사회경제적 지위를 설문하기도 한다. 이를 '주관적 계층 귀속 의식'의 측정이라고 한다. 이렇게 측정할 경우에는 중간층이 압도적으로 과잉 선택되어 변별력을 갖지 못한다. 게다가 어디까지나 개인의 '주관적' 평가이므로 실제 계급의 분포를 추정하기는 미흡하다. 계급측정에 가장 많이 사용하는 변수는 소득, 재산, 직업, 교육수준 등이다. 이 중 직업은 소득과 재산과도 밀접한 상관관계가 있고 응답이 용이해서 가장 많이 활용되는 변수다.

이른바 '흙수저 계급론'이 한국 사회의 젊은이들 사이에 널리 회자되었다. 부모가 가난하면 자녀가 아무리 열심히 노력해도 경제적 상승 이동이 어렵다는 논리다. 1960년대 급속한 산업화와 함께 양질의 일자리가 대규모로 창출되던 시기에는 대규모의 계층 상승이 발생했고, 이때는 개인의 노력이 계층 상승에 큰 영향을 미치는 요인이었다.

그러나 탈산업화 시기에는 더 이상 대규모의 좋은 일자리가 창출되지 않아서 개인의 노력에 의한 상승 이동이 더 어려워지고 부모의 사회경제적 배경이 이전보다 더 큰 역할을 하게 된다. 이처럼 부모의 경제적 지위가 자녀의 생애기회에 큰 영향을 미치므로 계급이 완전한 성취지위라고는 볼 수 없다. 계급은 '부분적으로'만 성취지위인 것이다. 젊은이들이 '흙수저들'을 새로운 카스트라고 자조적으로 불렀던 것은 자력에 의한 사회적 이동의 기회가 닫혀가는 현대 한국 사회에 대한 사회학적인 비판이다.

26일

오늘의 키워드

문화자본

사회계층에 따라 선호하는 예술이 다르다?

문화자본과 구별 짓기

#문화자본 #취향 #부르디외 #정통취향 #중간취향 #대중취향

앞에서 사회자본을 설명하며 부르디외를 잠깐 언급했다. 그가 분석한 비경제적 자본 중 하나가 문화자본cultural capital이다. 사회적 관계가 자본으로 전환될 수 있는 것처럼, 문화적 취향도 자본으로 전환될 수 있다는 전제에서 그의 문화자본 분석은 출발한다(1984:11-63).

취향이라는 것은 단순히 개인이 좋아하는 것이나 활동에 머무르지 않는다. 취향은 같은 것을 좋아하는 사람들을 그룹으로 나누는 기준의 역할을 한다. 그런데 취향은 개인의 심미적 선호만을 나타내지 않고, 경제적 상황이나 가정환경, 가치관, 교육수준 등 문화적 배경과 깊은 관련이 있다. 부르디외는 어떤 사람들이 어떤 종류의 문화를 소비하는지, 그러한 소비는 어떤 효과를 동반하는지에 관심을 갖고 문화적 취향의 차이와 사회와의 관계를 경험적으로 연구했다.

부르디외는 음악이나 회화의 종류에 대한 선호가 사회계층에 따라 다르다는 것을 경험적으로 관찰했다. 예를 들어 상류층은 바흐의 '평균율 클라비어곡집', '푸가의 기법' 등을 즐겨 듣고 고야나 브라크의 회화를 좋아한다. 중간계층은 거슈윈의 '랩소디 인 블루', 리스트의 '헝가리 광시곡' 같은 음악을 선호하며 위트릴로, 고흐, 다빈치, 모네 등의 회화를 즐겨 감상한다. 서민계층은 요한 슈트라우스의 '아름답고 푸른 도나우 강', 비제의 '아를르의 여인' 그리고 대중가요 등을 주로 들으며 회화는 르누아르의 작품을 좋아한다. 그의 연구는 어떤 종류의 음악을 듣고 어떤 종류의 회화를 감상하는지가 순수한 개인적 선호의 문제가 아니라 사회계층과 연관되어 있다는 것을 보여준다.

부르디외는 상층의 취향을 '정통취향', 중간층의 취향을 '중간취향', 서민층의 취향을 '대중취향'이라고 개념화했다. 정통취향의 예술작품은 추상성과 형식을 추구하고 난해하다는 특징이 있다. 따라서 이해하고 즐기기 위해서는 내용뿐만 아니라 이해의 방법도 습득해야 한다. 또한 필요성 또는 실용성과는 거리가 멀고 일상생활과 유리되어 있어서, 예술을 예술 그 자체로 이해하고 즐길 수 있는 능력이 있어야 한다. 즉 작품이 우리의 감정을 기쁘게 하는지 가라앉게

하는지보다 작품의 형식성을 중시하고, 주제나 내용보다 기법을 중요하게 여긴다. 그래서 작품을 이해하기 위해서는 난해한 코드나 배경적 지식을 공부하고 습득하여 일정한 문화적 능력을 쌓아야 한다. 이를 위해서는 일찍부터 예술을 접해 감상의 기회를 충분히 누리고 훈련과 교육을 받을 수 있는 경제적 능력 또한 뒷받침되어야 한다.

반면 대중취향은 작품에 몰입하여 즐기기가 쉽다. BTS의 음악은 듣기만 해도 즐겁고 몸이 반응한다. 일본 애니메이션 〈원피스〉의 그림은 생동감 넘치게 우리를 자극한다. 이 작품들을 즐기기 위해 특별히 훈련하고 공부할 필요가 없다. 이런 예술 장르는 우울할 때 즉시 기운을 북돋아주고, 흥분되어 있을 때는 마음을 잠잠하게 해준다. 따라서 대중취향의 작품들은 일상생활과의 연속성이 특징이다.

정통취향은 학교 교육만으로 습득하기는 어렵다. 우리가 초, 중, 고 12년 동안 음악, 미술, 국어 시간에 배운 내용들은 정통취향 중심이다. 예를 들어 음악 시간에 바흐, 베토벤, 쇼팽 등은 가르치지만 신중현, 조용필, 이미자 등의 음악은 거의 언급되지 않는다. 그런데 12년을 배워도 바흐, 베토벤, 쇼팽을 일상적으로 즐기는 사람들은 많지 않다. 오히려 학교에서 배우지 않지만 길거리나 매체를 통해 자주 들리는 대중음악을 대다수의 사람들이 즐긴다. 어려서부터 소위 고급예술에 노출되고, 개인 레슨을 받으며 잘 관리된 교육을

〈옷 입은 마하〉, 고야, 1805년경

정통취향의 예술작품은 추상성과 형식을 추구하고 난해하다는 특징이 있다.
따라서 이해하고 즐기기 위해서는 내용뿐만 아니라 이해의 방법도 습득해야 한다.
또한 필요성 또는 실용성과는 거리가 멀고 일상생활과 유리되어 있어서,
예술을 예술 그 자체로 이해하고 즐길 수 있는 능력이 있어야 한다.

받은 아동들은 정통취향을 잘 습득한다. 이 아동들이 그 예술을 좋아하는지 그다지 좋아하지 않는지는 모르지만, 어쨌든 정통취향에 익숙해진다. 따라서 경제적 자본을 많이 보유한 계층이 정통취향을 독점하는 경향이 있다.

상층계급은 왜 배우기 어렵고, 즐기기 어려우며, 많은 사람에게 따분하고 지루하고 난해하게 느껴지는 예술적 취향을 독점하려 할까? 예술적 취향이 자본으로 전환될 수 있기 때문이다. 즉 취향은 문화자본의 역할을 한다. 자본주의 사회에서는 원칙적으로 경제적 자본의 소유 규모가 사회경제적 계급class을 결정한다. 계급은 카스트나 신분과는 달리 부분적으로 성취하는 지위이므로, 자본주의 사회에서는 갑자기 큰돈을 벌게 된 사람이 하루아침에 상층계급으로 이동하는 것이 가능하다. 대를 이어 상층계급을 형성해온 전통적인 부자들이 신흥 부자가 그들의 계급으로 진입하는 것을 막을 방법이 원칙적으로 없다.

그런데 전통적인 부자들은 자신들의 집단에 새로운 멤버가 들어오는 것을 반기지 않는다. 이 지점에서 예술적 취향, 즉 문화자본은 상층계급의 경계를 공고히 하고, 자신들을 하층계급뿐만 아니라 경제적 자본을 빠른 시간에 축적한 신흥 부자들과 '구별 짓는' 역할을 한다. 갑자기 부자가 되는 것은 가능할지라도, 갑자기 말러나 부르크너의 교향곡을 즐기고, 브라크의 회화를 이해하기는 어렵기 때문이다. 문화적 자본을 이미 풍부하게 축적한 사람은 경제적 자본까지 충분히 축적하면 상대적으로 쉽게 상층계급에 합류할 수 있다. 그러나 문화자본을 축적하는 것은 쉬운 일이 아니므로 결국 상층계급은 그들의 자녀에게 문화자본을 물려주고 문화적 재생산을 함으로써 끊임없이 다른 계급과 구별 짓기를 시도한다.

27일

오늘의 키워드

교육

'개천에서 용이 나오기' 힘들어진 까닭은?

교육과 불평등

#교육 #취향 #부르디외 #학력자본

교육이 중요하다는 점은 아무리 강조해도 지나치지 않다. 교육은 지식과 기술을 가르치고 가치의 문화적 전승을 가능하게 한다. 역사를 가르치고 상징을 공유하게 함으로써 사회의 통합에 기여한다. 특히 경제적 불평등을 해소하는 데 있어 교육은 큰 역할을 한다. 저발전 상태의 사회는 인구의 극히 일부가 부의 대부분을 소유하는 경향이 강하다. 이때 교육 기회가 확장되면 저소득층 자녀들이 문맹에서 탈출하게 되고, 그들의 부모 세대보다 양질의 직업을 갖게 되어 소득이 높아지고, 대규모 상승 이동이 일어나 중산층이 형성된다. 따라서 경제적 불평등을 어느 정도 해소하는 효과가 있다. 그러나 교육이 경제적 불평등의 해소에 순기능만 하는 것은 아니다. 오히려 불평등을 재생산하고 강화하는 측면도 있다고 여러 사회학자들은 말한다.

부르디외는 문화자본이 학교 교육을 통해 불평등을 재생산하는 방식을 분석했다. 아동들의 문화자본의 축적 정도는 대부분 그들 부모의 문화자본에 의해 결정된다. 상층계급의 자녀들은, 예를 들어, 그들의 부모가 휴일에 바흐를 들으며 쉴 때 함께 듣게 될 경우가 많으므로 바흐의 음악에 익숙해진다. 바흐를 좋아하는지는 몰라도 어쨌든 클래식 음악이 귀에 익게 된다. 부모의 휴가 때 함께 여행하며 파리 오르세 미술관, 취리히 미술관 등을 방문하여 서양의 회화에도, 이해하는지의 문제와는 별도로, 적어도 익숙해진다. 부모는 일찍이 아이에게 악기 하나 정도는 레슨을 받게 하고, 읽으면 좋은 책들의 리스트를 만들어 아이들과 함께 읽기도 한다.

반면 하층계급의 자녀들은 부모가 책을 함께 읽을 여유와 시간이 없고, 악기를 가르칠 충분한 경제적 여유도 없으며, 자녀를 데리고 미술관 순례를 하기에는 여러 가지 상황이 벅차다. 그렇다고 해서 하층계급의 자녀들이 예술적으로 메마르다는 것은 아니다. 어떤 아이들은 BTS의 노래와 춤을 BTS보다 더 잘 해내고, 〈원피스〉에 등장하는 캐릭터들의 특징을 잘 이해하고 있으며, 일본 만화 〈드래곤볼〉의 장면들을 원작보다 더 잘 묘사해낸다.

문화자본의 축적 정도가 낮은, 즉 대중문화에만 익숙한 아이들은
학교에서 일종의 문화충격을 받게 된다.
자신이 경험해보지 못한 문화를 학교에서 접한 그들 중 다수는
학업에 어려움을 느끼고 심지어 포기하기도 한다.

문제는 아동들이 교육시스템에 진입하면서부터 시작된다. 학교는 주로 지배계층인 상층계급의 문화를 재생산한다. 우리나라 학교에서 가르치는 우리의 전통문화, 예술, 가치관들이 대부분 양반의 문화라는 것을 생각하면 쉽게 이해할 수 있다. 학교의 교과시간에 가르치는 내용도 대중취향보다는 정통취향에 가깝다. 초등학교에서부터 국어, 음악, 미술, 윤리 시간 등에 배운 내용을 상기해보라. 국어 시간에 배운 황순원이나 김승옥, 음악 시간에 배운 바흐나 슈베르트, 미술 시간에 배운 렘브란트나 브뤼헐 등은 대부분 재미없고 어렵다. 블랙핑크의 음악, 《명탐정 코난》의 추리력, 〈원피스〉 그림 등은 학교에서 거의 다루지 않는다. 어떤 아이들은 이미 바흐, 렘브란트, 멜빌 등의 작품에 익숙해져 있어서 학교에서의 공부가 그다지 어렵지 않다. 반면 블랙핑크와 〈원피스〉 등에만 익숙해져 있는 아이들은 이 작품을 아무리 잘 이해해도 학교에서 인정해주지 않는다. 바흐와 렘브란트는 낯설기 짝이 없고, 지루하고 재미없어서 공부를 해도 잘 이해가 되지 않는다.

문화자본이 이미 풍부하게 축적된 상태의 아이들은 학교에서의 학업성취도도 높아져서 높은 성적을 받고, 사회가 우수하다고 평가하는 상급학교에도 쉽게 진학해서 유리한 학력자본까지 획득하게 된다. 이들은 취업시장에서도 유리한 위치를 점해서 그들 부모의 계급에 머무르거나 더 높이 상승 이동을 할 수 있게 된다.

반면 문화자본의 축적 정도가 낮은, 즉 대중문화에만 익숙한 아이들은 학교에서 일종의 문화충격을 받게 된다. 자신이 경험해보지 못한 문화를 학교에서 접한 그들 중 다수는 학업에 어려움을 느끼고 심지어 포기하기도 한다. 학교는 문화자본을 적게 갖춘 아동 하나하나에 관심을 갖고 도와주지 않는다. 수업 내용이 낯설어서 이해하지 못한 아이들은 점수를 낮게 받아 상급학교 진학에 불리하고, 직업을 구할 때도 불리해서 그들 부모의 계급을 벗어나기 어렵게 된다. 이때 교육의 역할은 아동들이 공식 교육시스템에 진입하기 전에 형성되어 있던 문화적 자본의 차이를 성적으로 공식화해서 어떤 아이들은 우수한 아이 또는 능력 있는 아이, 다른 아이들은 그렇지 못한 아이로 분류한다.

문화자본의 차이는 학교에 의해 학력자본의 격차로 전환되고, 다시 경제적 자본의 차이로 발전하며 상층계급으로의 이동을 방해한다. 부르디외의 문화자본 이론은 한국 사회의 교육시스템에서 '개천에서 용 나오기'가 어려워진 이유를 사회학적으로 설명해준다.

28일

오늘의 키워드

세계화

세계화가 우리 사회에 미치는 영향은?

일상 속 국경의 의미

#세계화 #국제화 #외국인 #신자유주의

옷장에 있는 옷들의 생산지나 오늘 먹은 음식을 살펴보자. 베트남에서 만든 셔츠와 인도네시아에서 만든 바지를 입고, 캄보디아에서 만든 신발을 신고, 독일에서 만든 차를 타고 식당에 가서 호주산 소고기로 외식을 한다. 심지어 김치도 중국에서 수입한 것이다. 이렇듯 우리는 일상적인 소비에서 국경이 중요하지 않다는 것을 쉽게 확인할 수 있다.

현대인의 삶은 자국 내에서 발생하는 이슈, 사건, 현상 등에 의해서만 영향을 받지 않는다. 2019년 중국에서 발생한 코로나19 바이러스는 짧은 시간에 확산되어 전 세계를 거의 마비시킬 정도로 위력을 떨치면서 관광산업을 비롯한 세계 경제에 큰 부담을 주었다. 2022년 2월 러시아가 우크라이나를 침공하면서 발발한 전쟁은 한국에서도 그 여파가 일상적으로 경험되었다. 주유소에서 가득 주유하는 것을 머뭇거리게 하고, 제과점과 치킨가게를 운영하는 자영업자들을 압박했다. 러시아에 대한 경제제재와 러시아의 보복성 금수 조치로 석유, 밀가루, 식용유 등의 국제 가격이 급등했기 때문이다.

세계화 또는 지구화로 일컬어지는 거대한 사회 변동의 흐름은 우리의 일상에서 국경의 의미를 지워나가고 있다. 세계화 과정에 통합된 사회들은 국경을 장애로 여기지 않는다. 인력, 재화, 서비스가 자유롭게 국경을 넘나든다. 코로나19 바이러스는 우리의 삶이 얼마나 깊숙히 세계화 과정에 스며들어 있는지 확인시켜주는 계기가 되었다. 제주도에 가는 것처럼 쉽게 외국을 드나들다가, 또는 온라인으로 해외에서 물품을 직접 구매해서 짧은 시간 안에 배송받는 일에 익숙해져 있다가, 코로나19 바이러스로 인해 국가들이 국경을 봉쇄해 많은 불편을 겪게 되자 세계화에 우리의 일상이 얼마나 깊이 연관되어 있는지를 새삼스럽게 확인할 수 있었던 것이다.

세계화는 단순히 국가 간 교류와 왕래가 증가한 것만을 가리키지 않는다. 전 세계가 단일한 대규모 네트워크에 편입되어가는 과정이다. '국제화internationalization'라는 개념이 이미 존재하고 있었지만 '세계화globalization' 개념이 새로이 등장하게 된 것은, 현대의 국제 교류가

'국가들 사이international'의 교류 증대에 멈추지 않고 하나의 '지구globe'로 통합되어가는 특징을 강하게 갖기 때문이다.

단일 장으로 통합하는 흐름은 특히 경제부문에서 강하게 나타난다. 전 세계 국가들은 상품의 교역에서 관세를 철폐하는 방향으로 나아가고 있다. 세계 각국은 제2차 세계대전 후에 출발한 관세 및 무역에 관한 일반협정GATT과 그에 뒤이어 1995년 설립된 세계무역기구WTO를 중심으로 관세 철폐를 위한 다자 간 협상을 추진하고 있다. 그러나 많은 국가가 한꺼번에 참여하는 다자 간 협상은 각국의 상이한 이해관계 때문에 협상의 속도가 더딜 수밖에 없으므로 일단 이해관계가 맞는 국가를 찾아 1대 1로 협상하여 양자 간 자유무역협정FTA을 맺고 관세장벽을 낮추어가고 있다. 한국도 대부분의 주요 무역 상대 국가들과 FTA를 맺고 있다.

자국 산업을 보호하는 강력한 도구인 관세가 철폐되어 완전한 자유무역이 이루어지면 세계 경제는 각국의 경쟁력 있는 산업을 중심으로 분업이 심화된다. 예를 들어 토지와 노동이 저렴한 칠레에서 생산된 농산물은 한국의 시장에서 한국산 농산물에 비해 가격 우위를 점한다. 과거에는 수입 농산물에 관세가 부과되어 가격이 높아지고, 그 결과 국내산 농산물이 외국산과 경쟁할 여지가 있었지만, 이제는 관세가 붙지 않아서 값싼 가격에 들어오는 칠레의 농산물에 의해 한국의 농업부문 경쟁력이 낮아져 탈농업화가 가속된다. 노동

세계화 또는 지구화로 일컬어지는 거대한 사회 변동의 흐름은
우리의 일상에서 국경의 의미를 지워나가고 있다.

집약적인 제조업도 인건비가 싼 국가로부터 유입된 노동자들을 고용하거나 개발도상국으로 공장을 이전한다. 반면 부가가치가 높은 기술집약적, 자본집약적 산업에 집중해 반도체, 조선, 석유화학, 자동차 등의 부문에서 세계 시장에서 높은 경쟁력을 행사하고 있다. 금융시장의 통합은 더 드라마틱한데, 예를 들면 한국의 주식 투자자들이 전 세계의 주식시장에서 손쉽게 실시간으로 거래에 참여할 수 있다.

세계화는 인구의 이동을 초래해서 한 국가의 인구구성을 바꿀 정도로 강한 영향력을 발휘한다. 2019년 기준 한국에 거주하고 있는 등록 외국인 수는 127만 1,807명으로 전체 주민등록 인구의 약 2.5퍼센트였다. 2003년에 0.9퍼센트였으니 길지 않은 시간에 대규모 외국인 유입이 발생한 셈이다.* 등록하지 않은 불법 체류 외국인까지 포함하면 비율이 훨씬 높아질 것으로 추정된다. 외국인 인구의 급증은 세계화로 인한 노동시장의 통합과 국제 분업의 심화가 주요 원인이다. 저임금 때문에 내국인이 기피하는 농업과 제조업 분야에 많은 외국인 노동자가 유입되었다. 농촌지역인 충청북도 음성군은 2019년 기준 외국인이 인구의 10퍼센트를 차지하고, 대규모 산업단지가 있는 경기도 시흥시는 그 비율이 7.3퍼센트다.

* 국가통계포털. http://kosis.kr

외국인의 증가는 단순히 인구구성의 변화에만 영향을 끼치는 것이 아니라 한국인의 얼굴과 문화도 바꾸어가고 있다. 2019년 한국의 전체 혼인건수는 23만 9,159건이었는데, 한국인이 외국인 배우자와 결혼한 사례는 2만 3,643건이었다. 이 중에서 1만 7,687건은 한국인 남편과 외국인 아내의 혼인, 5,956건이 한국인 아내와 외국인 남편의 혼인이었다. 전체 결혼의 약 10퍼센트가 국제결혼인 것이다. 인구구성과 결혼에서의 이와 같은 변화는 한국의 단일민족주의에 영향을 미치고 다문화사회로의 이행을 촉진한다.

세계화는 '신자유주의'라는 경제 이데올로기에 의해 촉진되고 있다. 1970년대와 1980년대에 유럽과 북아메리카의 자본주의 경제는 성장의 한계에 부딪히게 된다. 경제 침체의 큰 원인을 자국 경제에 대한 정부의 개입과 보호로 인한 창의성과 생산성 저하로 지목하고, 정부의 역할을 축소시키고 시장에서의 자유로운 경쟁을 최대한 활성화시키자는 것이 신자유주의의 논리다. 국가가 자국 경제를 보호할 수 있는 강력한 도구인 관세 부과를 포기하고 무관세로 수입되는 외국 상품들과의 경쟁을 통해 자국 산업이 생산성을 높이도록 하는 것이 전형적인 신자유주의 정책의 사례다. 기업과 경제 행위자들이 정부의 보호 없이 통합된 세계 시장에서 생존하기 위해서는 끊임없는 연구, 개발, 혁신을 해야 한다. 이를 통해 생산성이 증가하고 경제의 성장이 유지될 수 있다고 신자유주의는 주장한다.

세계화와 신자유주의는 성장을 강화하지만 분배는 약화시키는 측면이 있다. 정부의 규제가 완화됨에 따라 대규모 국제 자본은 투자와 수익 창출의 기회가 확대되어 결과적으로 경제의 성장에 기여한다. 반면에 노동자들의 입장에서는 정부 역할의 축소가 정부의 재정 축소, 나아가 복지제도의 축소로 이어진다. 노동생산성이 저하되는 것은 노동자가 복지제도에 의존하기 때문이라고 진단하여 복지를 축소하고 개개인이 노동시장에서 자신의 가치를 입증하도록 압박하기 때문이다. 노동자가 노동시장 내 경쟁에서의 생존을 위해 끊임없이 자기계발과 자기혁신을 함으로써 개인의 노동생산성과 소득의 증대는 물론 사회 전체의 생산성이 증가할 것이라는 논리다.

따라서 신자유주의 경제정책에서는 기업의 노동자 해고가 쉬워지고, 노동자는 사회복지라는 기본적인 안전망을 잃어버리게 된다. 이는 사회 전체의 부의 크기는 증가하지만 경제적 불평등과 빈부격차가 확대되는 결과를 초래할 수 있다.

오늘의 키워드
정보기술

정보기술의 발달이 무조건 좋기만 할까?

정보기술과 사회 변동

#제3의_물결 #앨빈 토플러 #정보혁명 #코로나19 #정보격차

이제는 미래학의 고전이 된 《제3의 물결》에서 앨빈 토플러Alvin Toffler(1928~2016)는 정보혁명이 우리 삶에 미칠 영향에 대해 예측했다. 그는 컴퓨터의 사용이 자신의 집필 작업을 얼마나 편리하게 바꿨는지 다음과 같이 설명한다(2006:268).

초고를 쓰려는 용지에 타이프하는 대신 키보드를 치면 '플로피 디스크'라는 것에 전자 형태로 저장된다. 다음에는 문단을 바꾸거나, 삭제하거나, 삽입하거나, 밑줄을 치거나 하여 마음에 드는 문장이 얻어질 때까지 내가 쓴 글을 즉석에서 고치거나 바꾸어놓을 수가 있다. 이렇게 초고를 여기저기 지우개로 지우거나, '타이프 지우개'로 지우거나, 일부를 잘라내거나, 붙이거나, 삭제하거나, 제록스에 복사하거나, 완성 원고를 타이프할 필요가 없게 된다. 초고의 수정을 끝내면 버튼을 하나 누른다. 그러면 옆에 놓여 있는 인쇄기가 눈 깜짝할 사이에 완벽한 원고를 인쇄해준다.

마치 "여러분, 제가 개인 컴퓨터라는 신기한 것을 가지고 글을 쓰고 있는데요, 이게 얼마나 굉장한 물건인가 하면요"라면서 신나게 설명하는 분위기다. 1980년 전후에 그가 사용한 워드프로세싱 기능은 현재 관점에서 보면 매우 불편하고 원시적이었고, 플로피 디스크는 이제 어디에서도 찾아볼 수 없는 골동품이 되어버렸다. 그래서 경이에 가득 찬 어투로 컴퓨터의 위력을 설명하는 그의 모습이 귀엽다 못해 순진해 보이기까지 한다. 불과 한 세대 전에 경외감을 가지고 그렸던 정보혁명의 미래가 지금은 당연한 일상이 되었다.

코로나19 팬데믹은 현대 사회에서 정보화가 얼마나 진전되었는지를 확인시켜주었다. 바이러스 확산 초기에 감염자들의 동선을 추적하기 위해 CCTV, 교통카드, 신용카드, 스마트폰 등에서 추출된 정보가 활용되었다. 사람들이 모이는 장소에 출입할 때는 QR코드나 전화로 자신의 방문 흔적을 남겨야 했다. 학교와 직장은 인터넷을 활용한 비대면 방식의 교육과 업무로 신속히 전환되었다. 주변의 식당 정보를 일목요연하게 정리해둔 배달앱을 사용해서 집 밖에 나가지 않고도 식사는 물론 커피와 디저트까지도 주문해서 먹는 사람들이 크게 늘었다. 온라인 쇼핑은 이미 익숙해져 있었지만 이제는 식료품 장보기까지 온라인으로 하는 것이 일상화되었다. 공연과 콘서트들이 한동안 취소되자 무대를 온라인으로 옮긴 공연들이 활성화되었다. 이처럼 집을 나오지 않고도 기본적인 욕구를 충족시킬 수 있게 된 것은 정보기술이 일상 깊이 침투해 있기에 가능한 일이다.

스마트폰이나 태블릿 PC 같은 개인 미디어는 일상에서의 상호작용 방식을 근본적으로 바꾸고 있다. 친구와 약속하고 만나는 방식을 생각해보자. 휴대전화가 없던 과거에는 만날 약속을 하면 약속 시간과 장소가 확정되어 고정된다. 친구 중 한 명이 시간과 장소를 잘못 기억이라도 한다면 나머지 한 명은 낭패를 보았다. 현재는 약속 장소로 향하는 도중에 내비게이션이나 대중교통 애플리케이션이 예측한 도착 시간을 상대방과 공유하면서, 교통상황에 따라 시간과 장소를 조정하는 '미시조정'을 빈번하게 한다(송종현, 2013). 친구가 예정보다 일찍 도착할 것 같으면 나도 약속장소에 조금 일찍 갈 수도 있고, 길이 너무 막히면 내가 친구가 오고 있는 방향으로 향해서 중간에 만나는 것도 가능하다. 설사 친구가 많이 늦더라도 친구에게 내가 편하게 기다릴 장소를 알려주고 그곳에서 스마트폰이나 태블릿 PC로 일을 하거나 머리를 식힐 수도 있다.

또한 친구와 단 둘이 만나고 있는 경우에도 언제든지 제3자가 모임에 끼어들 수 있다. 전화통화로 또는 SNS로 그 장소에 있지 않은 사람이 수시로 개입하므로 앞에 앉아 있는 상대에 온전히 집중하기가 어려워진다. 친구와 대화를 하다 사실 여부가 미덥지 않으면 언제든지 스마트폰으로 확인을 한다. 잘못된 정보로 우기는 일은 사라지겠지만, 자신의 주장을 뒷받침하기 위해 자신이 알고 있는 지식과 정보를 동원하여 설득하는 대화의 묘미도 사라져간다.

기차나 버스를 타고 장거리 여행을 할 때 옆자리 승객과 가벼운 대화를 하는 것은 과거의 낭만적인 기억이 되어버렸다. 그 대신 SNS로 친구들과 대화하는 경우가 늘어난다. 개인 모바일 기기는 낯선 사람과 마주쳐야 하는 공공 공간에서도 익숙한 관계를 추구할 수 있게 해줘서 가까운 거리에 타인이 있을 때 발생하는 어색함을 가려준다. 혼자 외식을 하고 혼자 카페에 가는 사람들이 크게 늘어났다고 하지만, 사실 '혼밥' 하는 많은 사람들은 스마트폰 속 대화 상대를 데리고 식당이나 카페에 온다. 대학 강의실에서 강의 시작 전이나 중간의 휴식시간에 들리던 웅성거림도 과거의 일이 되었다. 주변에 앉아 있는 얼굴만 아는 사람들보다는 스마트폰 속 친한 친구들과의 손가락 대화에 더 집중하기 때문이다. 앞에서 이야기한 사회자본의 개념에 비추어보면 적어도 한국에서는 개인 모바일 기기의

'정보격차'는 정보사회의 부작용 중 하나다.
정보에 쉽게 접근하는 자들과
정보에 쉽게 접근할 수 없는 자 사이에
발생하는 격차가 정보격차다.

사용이 연계형 자본의 축적보다는 결속형 자본의 강화에 더 기여한다고 볼 수 있다.

'정보격차'는 정보사회의 부작용 중 하나다. 정보에 쉽게 접근하는 자들과 정보에 쉽게 접근할 수 없는 자 사이에 발생하는 격차가 정보격차다. 정보사회에서는 정보에 접근하기 어렵거나 접근하는 방법을 모르는 사람들은 쉽게 배제를 당한다. 스마트폰이 없거나 있어도 사용법에 익숙하지 않은 사람들은 은행업무를 볼 때 큰 어려움을 겪는다. 식당과 카페에 디지털 키오스크가 급속히 늘어나서 컴퓨터 작동의 논리를 모른다면 주문조차 하기 어렵다. 기차표와 버스표를 구매하는 것, 영화를 보는 것, 슈퍼마켓에서 장을 보는 것도 디지털 기기 사용이 어려우면 불편해진다. 대면 창구의 수가 크게 줄어들고 스마트폰이나 키오스크를 이용한 발권, 발매, 결제가 크게 증가했기 때문이다. 한마디로 정보와 디지털 기기의 사용이 용이하지 않다면 소외되기 쉬운 사회가 되었다.

그런데 정보격차는 독자적으로 발생하지 않고 세대나 계층과 중첩되어 발생한다. 노년층은 정보기기 사용에 익숙하지 않고, 저소득층은 값비싼 정보기기 구입에 어려움을 겪는다. 결국 사회의 구조적인 불평등은 정보접근의 불평등으로 재생산되는 측면이 있는 것이다.

30일

오늘의 키워드

관점

사회학은 배워서 어디에 쓸까?

사회학의 쓸모

#김승옥 #봉준호 #박현욱 #장기하 #김영하

사회학은 공부해서 어디에 쓰는 것일까? 다시 다른 사회과학들과 비교해보면 이 궁금증이 수긍된다. 정치가가 되려면 정치학, 법관이 되려면 법학, 외교관이 되려면 외교학, 기자가 되려면 언론정보학, 경영자가 되려면 경영학, 사회복지사가 되려면 사회복지학, 행정고시를 보려면 행정학을 공부하면 될 것 같다. 왠지 경제학을 공부하면 기업에 취직할 때 유리할 것 같다. 이렇게 직업과 잘 상응하는 사회과학들에 비해 사회학은 상응하여 떠오르는 직업이 딱히 없다.

아닌 게 아니라 사회학은 실생활에 적용하기 어려운 학문으로 묘사되기도 한다. 조금 오래된 이야기이긴 하지만 김승옥의 단편소설

《차나 한잔》에서 주인공은 사회학을 전공했으나 "대학에서 배운 것을 팔아먹겠다고 앙탈"할 수가 없었다(김승옥, 2010[1964]:217). 그런데 달리 생각하면 법학을 전공한 사람들 중 몇 명이나 법관이 되고, 외교학을 전공한 사람들 중 몇 명이나 외교관이 되며, 정치학을 전공한 사람들 중 몇 명이나 정치가가 되겠는가? 어느 학문을 전공하든 졸업 후에 향하는 길은 생각보다 다양하다.

사실 사회학을 공부하며 사회를 이해하고 분석하는 능력을 습득한 많은 사람들이 다양한 방면으로 진출해왔다. 사회학 전공자는 전통적으로 신문사와 방송국 등 언론계에 많이 진출했다. 여론조사와 사회조사를 하는 리서치회사들에도 많이 간다. 미국은 법학전문대학원 진학을 위한 준비과정에서 사회학을 전공하는 경우가 많다. 영화 〈기생충〉의 감독 봉준호, 《아내가 결혼했다》를 쓴 소설가 박현욱, 가수 장기하는 모두 대학에서 사회학을 전공한 사람들이다. 그들은 대학 때 공부를 열심히 안 했다고 겸손하게 말할지 모르지만 그들의 작품에서는 사회에 대한 깊이 있는 사회학적 통찰과 성찰이 엿보인다. 특히 박현욱의 《아내가 결혼했다》는 가족사회학의 주요 개념과 이론들을 동원하여 일처다부의 관계를 추구하는 여성 이야기를 재치 있게 풀어낸다. 사회학 공부가 문학 영역에서 독특한 힘을 발휘한 셈이다.

대학에서 사회학을 전공한 소수의 사람들을 예로 들어 사회학이 이런저런 매력이 있다고 일반화하는 것이 위험하긴 하다. 같은 논리로 소설가 김영하의 예를 들며 대학에서 경영학을 전공해도 작품에서 사회학적인 특징들이 엿보인다고 이야기할 수도 있을 것이기 때문이다. 중요한 것은 자신이 한 공부가 어떤 관점을 키워주었느냐는 점이다. 봉준호와 박현욱이 사회학을 전공했는지 안 했는지와 무관하게 그들은 사회학적 관점 또는 사회학적 상상력을 갖추고 있고, 그런 자질이 창조적으로 적용되어 독특한 작품들이 탄생했을 것이다. 그래서 더 중요한 질문은 (사회학을 전공하지 않더라도) 사회학을 조금이라도 공부해 사회학적 상상력을 갖추는 것이 우리 삶에 어떤 도움을 주느냐는 것이다.

폴란드 출신 사회학자 지그문트 바우만Zygmunt Bauman(1925~2017)은 다른 사회학자들 두 명과 나눈 대담을 정리한 책 《사회학의 쓸모》에서 다음과 같이 말한다.

> 제가 계속 반복하여 강조하지만, 사회학은 좋든 싫든, 대중이 '필연성'이나 '자연적 질서'라고 믿고 있는 기반을 무너뜨려야 할 의무가 있습니다. 대중적 신념이 구성되고 지속되는 데 영향을 미치는 비합리성을 폭로해야 하는 거죠. … 쿤데라의 알레고리를 빌려온다면, 사회학의 소명은, 재현으로 위장하고 리얼리티를 감추기 위해 드리워져 있는 '커튼을 찢는 것'입니다.

바우만은 이 진술에서 사회학이 자기계몽에 도움이 된다는 점을 역설하고 있다. 사회학적 관점은 대중이 자연스럽고 당연하다고 생각하는 것들이 사실은 어떤 이데올로기적 토대를 갖는지, 권력의 논리가 어떻게 어디에 숨어 있는지를 꿰뚫어보게 해준다. 그렇게 함으로써 현실과 사실을 가리고 있는 인식의 장막을 찢어내고 "환경적 조건이 행위자에게 허용하는 선택뿐만 아니라 행위자들에게 선택의 여지를 남겨두지 않는 환경적 조건 또한" 보게 해준다(바우만 외, 2015:132). 사회학적 관점은 내 경험과 시각의 사회적 맥락을 이해하게 해줌으로써 개인의 의지로 할 수 있는 것이 무엇이고, 할 수 없는 것이 무엇인지, 나아가 내가 해야 할 것이 무엇인지를 이해하게 해준다는 의미다.

또한 사회학적 관점은 "자신의 세계, 시대의 가치들, 행동방식의 상대성"을 인식하게 도와준다(헤네카, 2016:49). 내 경험과 시각의 사회적 맥락을 이해한다면 타인의 경험과 시각의 사회적 맥락 역시 이해하게 된다. 이는 타인의 행동, 다른 문화, 다른 사회를 이해하는 공감능력의 증진과 연결된다. 그리고 자신과 타인의 경험의 사회적 맥락을 파악하려는 노력은 자연스럽게 공적인 영역에 대한 관심으로 발전한다. 사회적 맥락이란 결국 개인이 아닌 사람'들'에 관한 것이기 때문이다.

편견 없는 사람, 타인과 잘 어우러져 살고 싶은 사람이 되고 싶다면, 그리고 내가 속한 공동체가 안전하고 번영하기를 원한다면 당신은 사회학 공부를 할 준비가 이미 되어 있는 것이다.

당연한 일상에 의문을 품어보자

지금까지 사회학의 특징, 사회학의 간단한 역사, 사회학 연구의 방법, 사회학의 주요 주제 등에 대해 함께 생각해보았다. 짧고 쉽게 설명하려다 보니 지나치게 단순화시킨 측면도 있다. 실제로는 연구 방법이나 주제에 있어 사회학은 훨씬 다양하고 폭넓고 복잡하다.

사회학은 우리의 사회적 삶과 관련된 모든 것을 탐구할 수 있기 때문에 '사회학' 앞에 탐구 대상인 사회 현상 이름을 붙이면 그럴듯한 사회학의 분과가 된다. 예를 들어 정치사회학, 산업사회학, 도시사회학, 가족사회학, 젠더사회학, 스포츠사회학, 음악사회학, 종교사회학 등은 모두 사회학의 확립된 분과들이다. 사회 현상이 셀 수 없이 많다 보니 사회학자들도 처음 들어보는 사회학 분야도 있을 수 있다.

한 예로, 맨부커상을 받은 하워드 제이콥슨Howard Jacobson의 소설

《영국 남자의 문제》에는 '구전사회학자'가 등장하고, 강태식의 소설 《리의 별》에는 '구조사회학자'가 나온다. 구전사회학이나 구조사회학은 이 소설들에서 만나기 전까지는 그 이름을 들어본 적도 없는 사회학 분야들이다. 아마 구전사회학은 등장인물을 희화화하기 위한 문학적 장치이고, 구조사회학은 '구조주의 사회학'을 가리키는 것인지도 모른다. 어쨌든 사회학자가 처음 듣는 사회학 분야가 있다 해도 놀라울 일이 아니다. 그만큼 사회학의 탐구 영역은 무궁무진하기 때문이다.

중요한 것은 대상이 아니라 관점이다. 사회학적 관점은 당연한 것을 당연하게 받아들이지 않고 한걸음 물러서서 사회적 맥락과 연관 지어 바라보게 한다. 그러면 보이지 않던 것들이 보이게 된다. 하지만 당연한 일상에 의문을 품어본다는 사회학의 특징은 종종 오해를 불러일으킨다. 매사를 삐딱한 시선으로 바라보는 학문, 트집만 잡는 학문, 선동하는 학문 등이 사회학이 받는 오해 중 일부다.

그러나 근거 없이 비판하는 관점은 사회학적 관점이 아니다. 건강한 사회학적 관점은 맹목적인 비판을 거부한다. 그리고 타당한 증거들을 객관적으로 검토하여 나의 의문이 합리적 의문인지 아닌지를 검토하게 한다. 그 결과 우리 삶의 기반과 우리 행동이 이루어지는 맥락을 정확히 이해하게 해준다. 상식이라고 생각해왔던 것들 중 상당 부분이 왜곡되어 있었다는 것도 알려준다.

사회학은 우물 안 개구리를 우물 밖으로 나가게 해줄 사다리와 같은 것이다. 이런 사회학이, 그리고 사회학적 상상력이 우리 모두의 삶을 풍부하게 해주기를 바란다.

참고 문헌

권영우 외, 2008, 《도시의 이해(개정판)》, 박영사.

앤서니 기든스, 김미숙 외 역, 2018, 《현대사회학(8판)》, 을유문화사.

김승옥, 2010[1963], "차나 한잔" 《무진기행》, 문학동네, Pp.213-257.

조지 리처, 김왕배 외 역, 2006, 《사회학 이론》, 한올출판사.

조지 리처, 김정덕 역, 2004, 《맥도날드 그리고 맥도날드화: 유토피아인가, 디스토피아인가(뉴 센트리판)》, 시공사.

미야베 미유키, 이영미 역, 2012, 《화차》, 문학동네.

C. 라이트 밀즈, 강희경, 이해찬 역, 2004, 《사회학적 상상력》, 돌베개.

지그문트 바우만, 미켈 H. 야콥슨, 키스 테스터, 노명우 역, 《사회학의 쓸모》, 서해문집.

박민제, 2018, 《가족끼리 왜 이래: 판결문으로 본 우리 시대 혈연 해체와 가족 위기》 동아시아.

박수미, 2007, "양자제도를 통해 본 조선후기 가족구조와 가계계승: 의성김씨 호구단자 분석을 중심으로" 《한국인구학》 30(2):71-95.

피터 L. 버거, 이상률 역, 1995, 《사회학에의 초대: 인간주의적 전망》, 문예출판사.

마르고트 베르크하우스, 이철 역, 2012, 《쉽게 읽는 루만》, 한울아카데미.

막스 베버, 박문재 역, 2018, 《프로테스탄트 윤리와 자본주의 정신》, 현대지성.

서우석 외, 2017, 《서울사회학: 서울의 공간, 일상 그리고 사람들》, 나남.

송종현, 2013, 《모바일 미디어와 일상》, 커뮤니케이션북스.

송호근, 2013, 《시민의 탄생: 조선의 근대와 공론장의 지각 변동》, 민음사.

마즈다 아들리, 이지혜 역, 2018, 《도시에 산다는 것에 대하여: 도시의 삶은 정말 인간을 피폐하게 만드는가》, 글담출판.

우치다 타츠루, 2010, 《푸코 바르트 레비스트로스 라캉 쉽게 읽기: 교양인을 위한 구조주의 강의》, 갈라파고스.

이데일리, 2013.1.22.

전상인, 2013, "편의점으로 읽는 도시인의 삶과 문화: 김애란, '나는 편의점에 간다'와의 사회학적 동행" 이수안 외, 《한국사회의 문화풍경: 문화 징후에 대한 사회학적 내시경 탐사록》, 도서출판 그린, Pp.209-234.

조명래, 2013, 《공간으로 사회 읽기: 개념, 쟁점과 대안》, 나남.
조주은 · 박한경, 2014, 《소설에서 만난 사회학: 픽션보다 재미있는 사회학 이야기》, 경북대학교 출판부.
진미정 · 성미애, 2021, "청년층의 동거 경험 및 동거 수용성과 결혼 의향의 관련성" 《가정과 삶의 질 연구》 39(2):1-14.
최재석, 1983, 《한국 가족제도사 연구》, 일지사.
앨빈 토플러, 원창엽 역, 2006, 《제3의 물결》, 홍신문화사.
로버트 D. 퍼트넘, 정승현 역, 2009, 《나 홀로 볼링: 볼링 얼론 - 사회적 커뮤니티의 붕괴와 소생》, 페이퍼로드.
황익주 외, 2016, 《한국의 도시 지역공동체는 어떻게 형성되는가: 현실, 운동, 과제》, 서울대학교출판문화원.
한스 페터 헤네카, 이철, 박한경 역, 2016, 《사회학의 기본: 사회학적 사유와 관찰》, 이론출판.

Bennett, Neil G., Ann Klimas Blanc and David E, Bloom, 1988, "Commitment and the Modern Union: Assessing the Link Between Premarital Cohabitation and Subsequent Marital Stability." American Sociological Review 53:127-138.
Bourdieu, Pierre, 1984, Distinction: A Social Critique of the Judgement of Taste, Cambridge, MA: Harvard University Press.
Chambers, Deborah, 2012, A Sociology of Family Life: Change and Diversity in Intimate Relations, Cambridge, UK: Polity Press.
Cherlin, Andrew, 2018, "Marriage Has Become a Trophy." The Atlantic(March 20, 2018).
Cherlin, Andrew, 2004, "Deinstitutionalization of American Marriage." Journal of Marriage and Family 66:848-861.
Coontz, Stephanie, 2006, Marriage, a History: How Love Conquered Marriage, New York, NY: Penguin Books.
Durkheim, Emile(John A, Apaulding, tr.), 1966, Suicide: A Study in Sociology, New York, NY: The Free Press.
Durkheim, Emile(W.D, Halls, tr.), 1984, The Division of Labor in Society, New York, NY: The Free Press.
Giddens, Anthony, 1992, The Transformation of Intimacy: Sexuality, Love & Eroticism in Modern Societies, Stanford, CA: Stanford University Press.
Goody, Jack, 1998, Food and Love: A Cultural History of East and West, London, UK: Verso.

The Guardian, July 14, 2016.

Harris, Marvin, 1966, "The Cultural Ecology of India's Sacred Cattle." Current Anthropology 7:261–276.

Harrison, Lawrence E, and Samuel P, Huntington, 2001, Culture Matters: How Values Shape Human Progress, New York, NY: Basic Books

Henslin, James M, 2007, Essentials of Sociology: A Down–to–Earth Approach(7th ed.), Boston, MA: Allyn and Bacon.

Hunt, Morton, 1994, The Natural History of Love (Revised and Expanded Edition), New York, NY: Anchor Books.

Marshal, Gordon(ed.), 1994, The Concise Oxford Dictionary of Sociology, Oxford, UK: Oxford University Press.

Monaghan, John and Peter Just, 2000, Social and Cultural Anthropology: A Very Short Introduction, Oxford, UK: Oxford University Press.

The New York Times, December 10, 2010.

The New York Times, October 11, 2005.

Parikh, Aparna and Clara Miller, 2019, "Holy Cow! Beef Ban, Political Technologies and Brahmanical Supremacy in Modi's India." ACME 18:835–874.

Piketty, Thomas(Arthur Goldhammer, tr.), 2014, Capital in the Twenty–First Century, Cambridge, MA: The Belknap Press of Harvard University Press.

Rosenberg, Morris, 1968, The Logic of Survey Analysis, New Your, NY: Basic Books.

Stacey, Judith, 1998, Brave New Families: Stories of Domestic Upheaval in Late–Twentieth–Century America, Berkeley, CA: Universiy of California Press.

Turner, Jonathan H, 1985, Herbert Spencer: A Renewed Appreciation (Masters of Social Theory Volume 1), Beverly Hills, CA: Sage Publications.

大久保孝治, 2008, 『日常生活の社会学: 社会学のポテンシャル1』, 学文社.

EBS 30일 인문학

처음 하는 사회학 공부

1판 1쇄 발행 2022년 8월 30일

지은이 박한경
펴낸이 김유열 | 지식콘텐츠센터장 이주희 | 지식출판부장 박혜숙
지식출판부·기획 장효순, 최재진 | 마케팅 최은영, 이정호
북매니저 윤정아, 김희선, 이민애

책임편집 김시경, 윌링북스 | 디자인 김규림 | 인쇄 우진코니티

펴낸곳 한국교육방송공사(EBS)
출판신고 2001년 1월 8일 제2017-000193호
주소 경기도 고양시 일산동구 한류월드로 281
대표전화 1588-1580
홈페이지 www.ebs.co.kr | 이메일 ebs_books@ebs.co.kr

ISBN 978-89-547-6850-4 (04100)
978-89-547-5891-8 (세트)